FUNDACION
EL SONIDO
Y EL TIEMPO
INTERNACIONAL
ARGENTINA | ITALIA | USA

AL PIANO
MECÁNICA Y SONIDO

Goldstein, Daniel y Fraga, Manuel
   Al piano: mecánica y sonido / Daniel Goldstein y Manuel Fraga; edición
literaria de Luis P. Videla; fotografías Gueretza, Pablo - 1ª ed. Ciudad
Autónoma de Buenos Aires: elaleph.com, 2023.
   276 p.; 21 x 15 cm.

   ISBN 978-987-3990-58-8

   1. Instrumentos Musicales. 2. Piano. I. Goldstein, Daniel y Fraga,
Manuel. II. Guerezta, Pablo, fot. III. Videla, Luis, ed. lit. IV. Título.

   CDD 786.219

contacto@elaleph.com
http://www.elaleph.com

Para escribir a los autores: danygold53@gmail.com; manfraga88@gmail.com

Primera edición

ISBN 978-987-3990-58-8

Hecho el depósito que marca la Ley 11.723

Impreso en el mes de enero de 2023 en
Docuprint
Heandel L3, [1619] Garin
Provincia de Buenos Aires, Argentina.

DANIEL GOLDSTEIN Y MANUEL FRAGA

AL PIANO
MECÁNICA Y SONIDO

elaleph.com

Dedicatorias

Les dedico este libro no sólo a quienes en tantos talleres y clínicas aceptaron y probaron la eficacia de nuestros conceptos, sino también a quienes los cuestionaron y pusieron en duda.

A quienes los cuestionaron, porque sus dudas fueron puliendo y perfeccionando nuestro trabajo y la forma de exponerlo.

A quienes aceptaron nuestras propuestas y se vieron beneficiados de inmediato, porque ver sus rápidos avances ha sido nuestro mejor estímulo para seguir adelante.

A mi mujer y a mis hijos.

Manuel Fraga

Me resulta imposible no mencionar a uno de mis principales maestros, Fausto Zadra (1934-2001), pianista argentino radicado y fallecido en Italia, ya que tuve la oportunidad y el privilegio de estudiar y perfeccionarme en sus clases individuales y grupales en su estudio en Roma y en su maravillosa "Escuela Internacional de Piano de Lausana, Suiza" (Ecole International du Piano, Laussanne)*, en la que años después pude participar como asistente de algunos de sus cursos. Sus enseñanzas y su carisma artístico fueron fundamentales: los considero el modelo y ejemplo para mi desarrollo didáctico y artístico.*

Con él comprendimos que tocar el piano es un verdadero hecho artístico que compromete a nuestra persona en su conjunto, lo que implica un proceso de toda la vida para conocernos en profundidad.

Aprendimos también que tocar el piano es la búsqueda infinita al estudiar e investigar desde el sonido, el fraseo, la información musical y cultural y el gesto musical. Pero también los canales necesarios para el desarrollo técnico desde el conocimiento práctico de la mecánica del piano hasta el sistema operativo neurofisiológico para los movimientos de nuestro cuerpo. Podemos decir que desde los martillos a los dedos y de los dedos al cerebro hay una conexión perfecta que nos permite comprometernos de lleno en la realización de nuestra obra musical.

Entendí gracias a las enseñanzas del querido maestro Fausto Zadra que por este "infinito y hermoso camino, nuestra libertad física y nuestra capacidad intelectual y consciente se educan y se forman para conectar nuestro espíritu, nuestra alma musical y nuestra intuición". Esa energía que no se ve es la que sintetiza aquello que podrá hacer de nosotros lo que creo es la verdadera, la genuina esencia de un pianista: transmitir y comunicar nuestro arte.

Mi eterno agradecimiento al querido maestro.

Y con todo mi afecto a mi esposa Fabiana y a mis hijos Lara y Julián, siempre apoyando y atentos a mis proyectos.

Daniel Goldstein

Presentación

En este libro que compartimos hoy con ustedes, intentamos transmitir nuestras experiencias como docentes y concertistas, desde la visión de dos pianistas muy distintos unidos desde hace varios años por nuestra afinidad y pasión por la investigación y la búsqueda de la excelencia.

Esta combinación entre un pianista de música clásica o académica y uno de jazz, nos brinda un constante intercambio en nuestras formas de improvisar y de interpretar, lo que nos ha permitido continuar aprendiendo a lo largo de estos años tanto en clínicas, talleres o seminarios como en los conciertos que tenemos la fortuna de compartir.

En realidad vemos que la interpretación y la improvisación, si bien son aspectos distintos, están siempre presentes en toda la música, y que sin duda el estudio del mecanismo del piano y su relación con el sonido es la materia esencial para llevar ambas al nivel más elevado posible.

AL PIANO: mecánica y sonido es nuestra propuesta para analizar, entender, aprender y aplicar el sistema completo desde el concepto de la técnica pianística hasta su vinculación con la máquina del piano, de manera de lograr desarrollarnos con más libertad como instrumentistas y como artistas.

Los autores

Prólogo

*"El camino de la Naturaleza es simple
y sencillo, pero el hombre prefiere
aquello que es intrincado y artificial."*

Lao Tsé

Desde que Bartolomeo Cristófori diseñó y construyó el primer *pianoforte* hace más de trescientos años, el desarrollo del estudio y la enseñanza de los conceptos fundamentales de la técnica pianística han dejado algunos terrenos sin explorar.

Lejos de unificar los principios básicos de las leyes universales de la física con los aspectos fisiológicos invariables de la anatomía humana y del mecanismo del propio piano, para así llegar a un solo criterio básico universal natural y saludable, la mayoría de estas leyes y principios ha sido ignorada por muchas de las "escuelas" pianísticas.

La mayor parte de las investigaciones y trabajos históricos científicos comprobados de los más grandes pedagogos de la técnica pianística han "hibernado" durante más de un siglo, como resultado de las críticas injustas —muchas de las cuales también han quedado documentadas—, la incomprensión y hasta la burla que desautorizaron aquellos trabajos tan valiosos.

Si alguna vez un "genio iluminado" de la crítica musical escribió que "[…] el Sr. Verdi no sabe escribir una melodía", o si Maurice Ravel fue definido por un prestigioso crítico francés como "[…] un compositor mediocre de música de cabaret"[1], ¿quiénes estaban en esa misma época en condiciones de juzgar los escritos de los más brillantes pedagogos de la técnica pianística?

Si el propio inventor del piano, Bartolomeo Cristófori, murió olvidado y en la pobreza, ¿se podía esperar que corrieran mejor suerte aquellos grandes pedagogos que comprendieron en profundidad el funcionamiento del *pianoforte* y la correcta técnica para ejecutarlo, y cuyas investigaciones fueron casi por completo ignoradas?

Si algunos de los consejos pedagógicos del mismísimo Federico Chopin, el "padre" del piano, jamás han sido tenidos en cuenta por la mayoría de los conservatorios, instituciones y docentes de todo el mundo, ¿qué destino podía esperarse del trabajo de aquellos investigadores y científicos, algunos de los cuales ni siquiera eran compositores?[2]

---

[1] Estos comentarios, y un sinnúmero de críticas increíblemente agresivas se encuentran en el libro *Lexicon of Musical Invective: Critical Assaults on Composers Since Beethoven's Time*, de Nicolas Slonimsky. Washington Paperbacks, 1990. Un crítico llegó a dudar del talento de Debussy, preguntándose "*¿qué música puede escribir un individuo de cabeza macrocefálica?*" (sic).

[2] Por ejemplo, su revolucionaria idea de que la primera escala que debe aprender un estudiante es la de Si mayor, o el hecho de

La historia del arte no está exenta de la influencia misteriosa, caprichosa y tantas veces ridícula de nuestra naturaleza humana.

Por fortuna ahora, en la segunda década del siglo XXI, todos esos trabajos —durante tanto tiempo olvidados—, están comenzando a recobrar relevancia, gracias a un renovado interés que despertaron los desiguales y muchas veces frustrantes resultados de muchas de las enseñanzas de las escuelas pianísticas.

Es muy probable que muchos de los más grandes pianistas de la historia hayan llegado a serlo por su propia genial y natural intuición de cómo aplicar los movimientos correctos y saludables en todo momento, mientras que al mismo tiempo ha ido quedando un verdadero tendal de futuros y promisorios artistas abandonados en el camino, víctimas de una infinidad de lesiones, dolores, impedimentos psicofísicos y decepciones de todo tipo.

Según se desprende de una investigación realizada en los Estados Unidos a fines de la década de 1980, casi el 80% de los pianistas *profesionales* eran o habían sido alguna vez víctimas de lesiones, dolores y todo tipo de traumas fisiológicos.

Si este alarmante número pertenece a una investigación hecha en los Estados Unidos, donde han convergido desde principios del siglo XX los representantes de las más grandes escuelas pianísticas, y sólo se tuvo en

que los primeros ejercicios de "cinco dedos" que les daba a sus alumnos eran colocando los dedos en las teclas *mi, fa#, sol#, la#* y *do,* para desarrollar el concepto de la "mano armada".

cuenta a los pianistas que habían sido formados desde lo académico, ¿qué resultados podríamos esperar en otros países y en pianistas formados fuera del ámbito académico?

Aún grandes genios como Sergei Rachmaninoff, Arthur Schnabel o Glenn Gould tampoco pudieron escapar a dolores y traumas físicos que es probable que pudieron haberse evitado aplicando los principios universales de la física o de la fisiología.[3]

Y las malas posturas, movimientos nocivos u otras malas aplicaciones de nuestra anatomía se han producido aun cuando han sido siempre objeto de observación de las enseñanzas tradicionales. Quizás haya quienes piensan que con los años un pianista pueda desarrollar un conocimiento intuitivo de la ejecución o de los movimientos saludables de su cuerpo. Pero la experiencia nos enseña, y no sólo en la profesión musical, que largos años de malos hábitos no suelen llevar por sí mismos al perfeccionamiento. Y si así fuera, ya puede ser demasiado tarde.

Si tantos pianistas sufren molestias y dolores por el mal uso de su propia anatomía, cuando por lógica debería ser algo natural, más difícil parece la posibilidad de llegar a algún grado de intuición para controlar un

---

[3] En una carta a un amigo, Rachmaninoff se refiere a sus ciclos de conciertos como "la temporada de los dolores". Recordemos que no necesariamente alguien genial en un área determinada lo será en otra. Tristemente conocida es la historia de Robert Schumann, que arruinó su futuro como concertista al destruir las articulaciones de sus dedos anulares con un dispositivo que él mismo había inventado. (*N de los A.*)

mecanismo que desconocemos y con el que nuestra anatomía debe conectarse: la máquina del piano.

Y por supuesto cabe preguntarse qué porcentaje de los problemas físicos es resultado de malas posturas y movimientos, y qué porcentaje es resultado de no conocer el funcionamiento de la máquina del piano, cuando se ha comprobado infinidad de veces que este vacío de información también es la causa de dichos problemas.

Uno de los ejemplos de la creciente cantidad de material bibliográfico que en los últimos años viene revalorizando las investigaciones de los maestros del pasado es el completísimo y valiosísimo *"A Symposium for Pianists and Teachers: Strategies to Developthe Mind and Body for Optimal Performance"*, compilado y editado por Kris Kropff en el año 2002.[4]

El relato de un pianista en este libro es uno de los ejemplos más dramáticos de las secuelas que pueden generar las enseñanzas basadas en conceptos falsos, erróneos o incompletos:

"Desde hace 5 años sufro de tensión severa y lesiones en los nervios del brazo derecho. Los cirujanos ortopedistas que consulté me dijeron que debo dejar de tocar. Puedo operarme, pero aun así no podría volver a tocar más de media hora por día."

La edad de este pianista cuando describió su problema: trece años.

---

[4] Otro texto que casualmente se publicó el mismo año es Piano Notes, escrito por el pianista clásico Charles Rosen, que además incluye todo un capítulo dedicado a cuestiones de la máquina del piano. (*N de los A.*)

Karl Philipp Emanuel Bach, muchos de los alumnos y discípulos de Chopin y de Franz Liszt, Otto Ortmann o Tobias Matthay se encuentran entre esos grandes genios que entregaron sus vidas a la investigación, descubrimiento, comprobación y posterior y desinteresada publicación de sus trabajos.

Material de incalculable valor que, por supuesto, muy pocos estudiaron durante más de dos siglos.

La Argentina fue bendecida a principios del siglo XX con el arribo de uno de los más importantes formadores de pianistas de la historia: Vicente Scaramuzza, llegado de Italia luego de haber recibido una formación completa, rigurosa y basada en los verdaderos principios mencionados antes.

Es el conjunto de esos conceptos y principios físicos, mecánicos y fisiológicos desarrollados, comprobados y publicados por este puñado de investigadores, pianistas y pedagogos el que forma la base del presente trabajo, que deseamos compartir para continuar creando conciencia sobre un tema tan delicado y vital.

Una anécdota puede ilustrar hasta qué punto pueden llegar a diferir las distintas concepciones de lo que se puede considerar "correcto" en la técnica pianística.

Durante una gira del extraordinario pianista ruso Josef Lhevinne (1874-1944), su esposa y ex alumna Rosina (1880-1976), que era tan buena pianista y a su vez continuó formando a grandes pianistas luego del fallecimiento de Josef, le dio unas clases a uno de los alumnos de su marido.

Cuando Josef regresó de su gira, su alumno le mostró un pasaje que había trabajado con Rosina. La reacción del maestro no se hizo esperar:

—¡¿Pero qué idiota que le enseñó eso?!

—Su esposa, maestro.

No puede existir sólo *una* única manera de interpretar una obra, como lo dijo la misma Rosina en una entrevista que se puede ver en YouTube: es como mínimo contrario a las leyes naturales y a la música misma.[5]

Nuestro trabajo no sólo está enfocado en esa dirección, sino que además consideramos que el conocimiento del funcionamiento de la máquina del piano tiene un rol vital en el constante camino hacia la excelencia pianística.

Por otro lado, consideramos de suma importancia, y es además otro de los objetivos de este libro, intentar liberar el vocabulario de la pedagogía pianística de cierta terminología confusa, engañosa o ineficiente, a la que también consideramos responsable del altísimo número de potenciales pianistas que han quedado en el camino en todo el mundo.

---

[5] Se puede escuchar a Rossina Lhevinne en el minuto 20:14 en el video en YouTube: *TheLegacy of RosinaLhevinne - YouTube*: *"There is not only one way of interpreting the piece right. But the interpretation must be logical, must be consistent and must be based on excellent (…) education; and then it can be said in very different ways."* ("No hay sólo una manera correcta de interpretar una pieza. Sin embargo, la interpretación debe ser lógica, consistente y debe basarse en una excelente educación; y luego sí puede expresarse de distintas maneras.") (*N de los A.*),

¿Cómo se explica que distintos docentes sostengan conceptos tan diferentes, que a veces llegan a contradecir lo que otro docente nos explicó?

Todos hemos sido víctimas en mayor o menor medida de este problema en la pedagogía musical, que se da no sólo en la enseñanza del piano sino también de la voz: los dos instrumentos cuyos mecanismos de emisión "no se ven".

Resulta incomprensible que en lugar de haberse desarrollado un interés por investigar y entender cómo hacer funcionar mejor un mecanismo que no vemos, en medio de un vocabulario pedagógico que sin duda es claro y preciso haya aparecido una cierta cantidad de términos dudosos o indefinidos que confunden a los estudiantes.

¿Cómo se puede crear o usar una terminología correcta sobre un mecanismo que no se conoce y por lo tanto no se entiende?

Parte I
Lo neurofisiológico: De los dedos al cerebro

Introducción

¿Por qué es importante para nosotros desarrollar estos temas, si para tocar el piano basta con bajar las teclas y eso no parece tan complicado? ¿Y por qué mencionar el concepto "de los dedos al cerebro", o "de los dedos a los martillos"?

Analicemos en primer lugar dos aspectos:

1) En general los instrumentos, incluida la voz, requieren de una gran preparación física, y tan sólo para obtener un buen sonido.

2) En general el contacto con el instrumento es directo; la producción del sonido es también directa.

Sin embargo, aunque parece sencillo producir sonido en un teclado, la realidad a enfrentar para el desarrollo de un pianismo completo es mucho más compleja.

El primer punto es el hecho de que en un piano nunca accionamos el elemento emisor (los martillos) en forma directa, sino que bajamos las teclas, y es en ellas donde se inicia una sorprendente y compleja cadena de movimientos que llevan los martillos hacia las cuerdas para producir el sonido.

En otras palabras, en el piano nuestra intervención no es directa, sino indirecta. Una vez que bajamos una tecla, la máquina "cobra vida propia" y nos entrega el sonido.

Es por ello que hablaremos de los canales necesarios para el desarrollo técnico, desde el conocimiento práctico de la máquina del piano hasta el sistema neurofisiológico que opera en los movimientos de nuestro cuerpo.

Podemos decir que "de los dedos a los martillos y de los dedos al cerebro", o sea, *desde el cerebro a los martillos*, se establece una conexión completa que nos permite perfeccionar nuestro sistema y abordar el desarrollo musical. En otras palabras, nuestra técnica pianística.

Consideramos también que la técnica debe ser *saludable*, para lograr una ejecución natural y fácil, sin dificultad, incomodidad o fatiga. Libre de lesiones, dolores o tensión (entendemos el término "tensión" como trabajo muscular excesivo o innecesario).

La técnica saludable no es una habilidad natural: es una *habilidad adquirida* (se aprende), basada en *leyes naturales* y en la *biomecánica* de los movimientos. Debe estar libre de cuestionamientos acerca de lo que es correcto o incorrecto, y debe tender a una eficiente coordinación del sistema muscular/óseo con el mecanismo del piano.

Los siguientes son algunos de los resultados que pueden esperarse al desarrollar una técnica saludable:

—Sensación de bienestar físico al tocar.

—Velocidad, facilidad y sensación de ejecución sin esfuerzo.

—Potencia sonora, rango dinámico y "paleta" sonora (variedad colorística de matices).

—Mayor concentración, menor ansiedad y reducción del "stress de concierto".

—Mayor eficiencia en la práctica, al reducir la repetición de pasajes y el tiempo invertido para el estudio.

—Reflexión y solución intelectual de pasajes previos a la práctica.

—Flexibilidad física e intelectual para ajustarse a las diferentes situaciones pianísticas.

En síntesis, desarrollaremos todos los aspectos presentes en el siguiente concepto:

"La técnica saludable es una habilidad adquirida basada en leyes naturales, y que debe incluir el conocimiento del funcionamiento de la máquina del piano y los estados musculares, de manera de aplicar con eficiencia los cinco toques pianísticos y el sistema de brazo-muñeca-mano. Está conformada por elementos visibles y no visibles."

Todas estas características y elementos constitutivos de la técnica pianística convergen en realidad en el punto central de la creación del sonido: la tecla. Ahí es donde debemos desarrollar la conciencia de los tres momentos de la producción del sonido: descenso de la tecla, control intencional del tiempo en que la tecla queda descendida y al final su ascenso.

Son entonces los dedos los que física y de manera visible comenzarán la acción desde la tecla, y tenemos que sumar a los otros protagonistas que se conectan con ellos: el cerebelo, que hará coordinar todos los movimientos pero sin acción emotiva, y el cerebro, que da la orden del movimiento. Una verdadera sinergia, como lo indica su etimología del griego *sinergia*: todos los elementos trabajando en conjunto y cooperación, un trabajo o esfuerzo mancomunado para realizar una determinada tarea compleja y poder alcanzar el éxito final.

Estos elementos son "externos" o visibles, como los dedos, la mano, el brazo o el teclado, e "internos" o no visibles, como los tendones, músculos, nervios, la máquina del piano, etcétera.

Por eso denominamos a esta primera sección "Lo neurofisiológico: de los dedos al cerebro". O sea, el estudio y análisis de todo lo que sucede desde las teclas hacia el cerebro, y en la sección siguiente, "Lo mecánico: de los dedos a los martillos", analizaremos y estudiaremos lo que sucede desde las teclas hasta las cuerdas, porque es a través de la máquina del piano que llega a concretarse nuestra intención musical.

El contacto del dedo en la tecla constituye el punto central, el eslabón que une los dos sistemas, el neurofisiológico "nuestro cuerpo" y el mecánico "la máquina del piano", con la que en realidad interactuamos.

Es en ese punto medio en el que convergen todos los conceptos y elementos de lo que constituye la técnica pianística. En el momento de la ejecución, todo lo que hemos aprendido y en lo que nos hemos entrenado se dirige como en un embudo hacia un sólo elemento: la tecla.

Y son sólo tres las únicas decisiones que podemos tomar en ese punto de contacto con el primer elemento de la máquina:

1) Cuándo comenzamos a descender la tecla. Esta decisión responde al momento en que se debe emitir el sonido.

2) Con qué velocidad y aceleración y qué distancia del recorrido total descendemos la tecla. De esta decisión combinada depende la intensidad o "volumen" (a mayor velocidad en la tecla, mayor impulso en el martillo, y entonces mayor intensidad sonora, y viceversa) y el matiz tímbrico resultante (a distintas velocidades con las que el martillo impacta en las cuerdas variará el timbre porque será diferente también la intensidad de los armónicos).

3) En qué momento decidimos dejar ascender la tecla. De esta decisión dependerá la *articulación*, o sea, la duración del sonido (ligado, picado, staccato, etc.). Aquí debemos hacer hincapié en un elemento fundamental: la articulación o duración de un sonido no sólo depende del momento en que permitimos que la tecla ascienda, sino también *de la velocidad con la que le permitimos ascender.*

Esto sucede porque hay un elemento de la máquina que tiene un rol vital en la duración de un sonido: el apagador. Cuando permitimos que la tecla ascienda a mayor velocidad, menor será el tiempo en el que el apagador llega a las cuerdas para frenar su vibración, y viceversa: cuanto menor sea la velocidad con la que permitimos que la tecla ascienda, mayor será el tiempo transcurrido hasta que el apagador haga contacto con las cuerdas. En el primer caso el sonido durará menos, y en el segundo caso durará más.

A modo de comprobación muy elemental, si separamos todos los apagadores de las cuerdas accionando el pedal derecho o de resonancia, por más que intentemos una articulación ligada o en staccato no habrá diferencia alguna. Las gamas de articulaciones dependerán siempre *del tiempo en el que los apagadores no estén en contacto con las cuerdas.*

A este respecto, debemos tener en cuenta que más allá de que produzcamos un sonido ligado o staccato, *el tiempo en que el martillo está en contacto con las cuerdas es siempre el mismo.*

Tenemos aquí ya otro ejemplo de lo valioso que resulta "pensar" en la máquina y sus componentes en conjunción con nuestra fisiología para producir la mayor gama posible de efectos sonoros.

Empieza a vislumbrarse entonces la necesidad de desarrollar el nivel más alto de entrenamiento posible, en el que debe incluirse el estudio y la aplicación práctica de lo que podríamos llamar "sistema total":

nuestra mente y cuerpo, o sea nuestra neurofisiología, en conjunción con el elemento con el que como pianistas interactuamos: la máquina del piano.

Concepto de entrenamiento

El estudio del piano debe realizarse no sólo desde el aspecto musical, estilístico, espiritual o intuitivo. Requiere un compromiso con el concepto del *entrenamiento musical*.

Este concepto incluye, como algunos de sus pilares, la comprensión del armado de la mano y de los movimientos corporales o neurofisiológicos que generan los cinco toques y sus distintos resultados sonoros; la verdadera función del "peso" —aclaremos que el peso es en realidad la acción de la fuerza de gravedad sobre un objeto—, que nos brinda la libertad y energía de nuestro toque; la importancia de la velocidad y aceleración en la bajada de la tecla y el recorrido que decidimos darle como factor principal de la producción del sonido; la sinergia de trabajo de la estructura muscular y la ingeniería ósea, y también un factor fundamental como lo es el conocimiento "práctico" de la mecánica del piano, ya que tocamos nuestro instrumento en forma "indirecta". Como lo mencionamos antes, nuestra intervención "directa" es desde el cerebro al dedo que baja la tecla, pero no intervenimos en el *momento de la emisión del sonido*, o sea, el punto en que el martillo percute las cuerdas. Todo lo que sucede en la máquina del piano desde la bajada de la tecla hasta el momento en que el martillo *se separa del mecanismo* está bajo nuestro control voluntario (siempre que seamos conscientes del funcionamiento de la máquina), pero a partir del momento en que el martillo "escapa" del sistema que lo impulsa *no podemos controlarlo más*.

En síntesis, para disfrutar del entrenamiento debemos comprender, aprender y asimilar cada elemento en un verdadero sistema unificado.

Entendemos que incorporar en forma práctica este entrenamiento nos brindará los canales para poder expresar con más libertad el sonido que queremos producir en cada momento, para luego desarrollar nuestra percepción musical en la obra artística con todo nuestro conocimiento, información e intencionalidad emotiva y personal.

Como un árbol, que mientras crece hacia arriba ("lo visible"), sus raíces también lo hacen hacia abajo ("lo invisible"). En nuestro caso, la imagen "de los dedos al cerebro" nos permite desarrollar todas nuestras "ramas" y "hojas", y la imagen "de los dedos a los martillos" nos permite desarrollar las "raíces".

El resultado será el maravilloso avance de nuestra propia y genuina expresión musical, que por fortuna es infinita y continuará evolucionando a lo largo de nuestra vida.

La conciencia de lo "gravitacional"

El maestro Fausto Zadra (1934-2001) siempre insistía sobre un concepto fundamental en el estudio del piano:

la conciencia de "lo gravitacional", o sea, el movimiento de caída libre (*"caduta"*, en italiano) al liberar el peso del brazo.

La palabra "gravitacional" nos recuerda con toda claridad que el peso no es otra cosa que la acción de la fuerza de gravedad sobre un objeto. De manera que al liberar el peso del sistema —todo el brazo desde el hombro a la mano—, permitimos que la atracción de la gravedad genere un movimiento descendente, experimentado como caída libre.

Esta sensación de liberación y caída natural produce una energía que se manifiesta cuando tomamos contacto con el teclado. La mano armada sostiene y resiste esa energía (o sea, la administra según el efecto deseado), lo que a su vez permite que los dedos desciendan las teclas con la máxima eficiencia posible.

Para describirlo desde la anatomía, podemos mencionar dos energías importantes en lo gravitacional: energía pasiva y activa. La energía pasiva (sin movimiento) es el peso del brazo hasta el carpo (muñeca), que se traslada por lógica a la resistencia de los dedos. La energía activa (con movimiento) es la que realiza la yema del dedo con el músculo flexor profundo, en conjunción con la estructura ósea.

Decimos entonces que lo gravitacional es la "conciencia de energías" que se modifican a través de variables graduales tan importantes como la velocidad y la distancia (en relación a las teclas). Esta es otra forma de comprender que el factor decisivo para la producción del sonido es la velocidad de la tecla, con sus dos complementos también variables: la aceleración y el mayor o menor recorrido descendente de la tecla.

Estos tres factores —velocidad, aceleración y recorrido de tecla— tienen como objetivo final transmitir al martillo la mayor variedad posible de impulsos para percutir las cuerdas, porque es de esta enorme gama de posibilidades que depende nuestra más rica "paleta sonora".

Desde lo neurofisiológico, la estructura que nos permite realizar esa acción de descender las teclas es la mano armada. Pero para lograr que dicha acción se traslade hasta los martillos con la mayor eficiencia posible es imprescindible ser conscientes también del funcionamiento de la máquina del piano: es sólo interactuando con ella que podemos crear la más variada gama de matices y efectos en nuestro sonido.

I.

LA MANO ARMADA

A lo largo de toda la historia humana, el concepto de la concavidad o arco ha resultado fundamental para la distribución de las fuerzas en la construcción arquitectónica. Incluso la forma triangular con sus tres puntos o vértices permite distribuir el peso desde el vértice superior descargando esa fuerza hacia los otros dos.

De esta manera los arcos, las formas cóncavas y las triangulares soportan grandes fuerzas sin quebrarse, como podemos ver en las grandes construcciones que han resistido el paso del tiempo: las pirámides de Egipto; el arco de medio punto de los caldeos, etruscos y romanos; las iglesias medievales con sus arcos ojivales o las barrocas con sus inmensas cúpulas, entre tantos ejemplos.

Para los pianistas es fundamental aplicar y desarrollar este concepto de concavidad o arco como estructura muy eficiente para armar la mano y controlar la distribución de las fuerzas.

Es interesante observar que en nuestra etapa de formación se nos hace hincapié en lograr "igualdad en todos los dedos", pero tenemos que tener en cuenta que los cinco dedos no son iguales en cuanto a su extensión y posición. El pulgar (dedo 1 para los pianistas) está más atrás, el meñique (dedo 5) es más corto que los demás y ambos tienen músculos más grandes y largos que atraviesan toda la mano, mientras que el índice (2), medio (3) y anular (4) son más largos y bastante parecidos entre sí.

Podemos tener una idea de la diferencia entre los dedos en las siguientes imágenes:

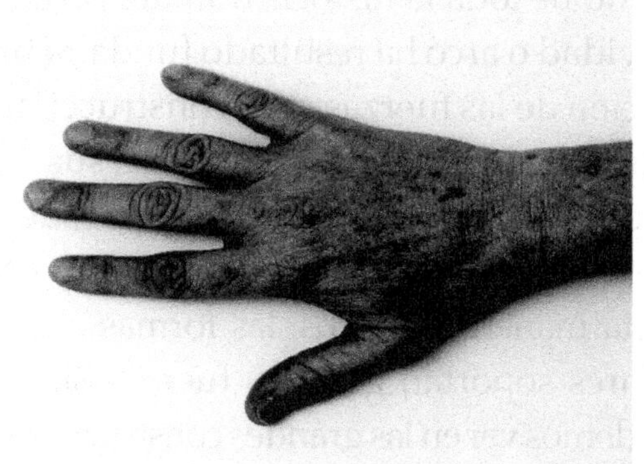

Imagen 1

Es por las enormes ventajas que nos brinda la estructura cóncava en arco que resulta imprescindible "armar" la mano y generar esa forma que nos permitirá una ejecución más fácil y eficiente.

Si bien la forma "natural" o relajada de la mano tiene una leve concavidad, ésta no es suficiente para armar la mano y por lo tanto tampoco para una ejecución eficiente. El principio básico en la ejecución pianística es el contacto de las yemas de los dedos con las teclas, y allí surge la necesidad de modificar la forma natural de la mano.

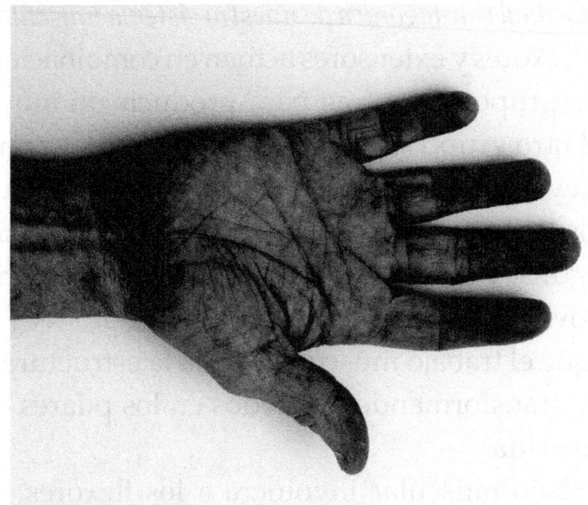

Imagen 2

Aparece aquí el concepto de *sinergia* mencionado antes: el trabajo en conjunto del sistema muscular y la estructura ósea con el objetivo de formar la concavidad o arco y el "triángulo" que nos permita preparar el sistema para la acción de tocar con facilidad y eficiencia.

Debemos aclarar que cuando hablamos de sistema muscular nos referimos no sólo a los músculos sino también a los tendones, los tejidos conectivos fibrosos que unen los músculos a los huesos y permiten el movimiento.

Para llevar la mano de su posición natural casi plana y curvarla para formar la concavidad requerida, actuamos a partir de los músculos flexores, que están en la parte inferior del sistema hasta el antebrazo. En la parte superior del sistema están los músculos extensores, que usaremos para levantar los dedos. Este *es otro ejemplo de la naturaleza dual o antagónica de nuestro sistema muscular,* ya que los flexores y extensores actúan en combinación: cuando un grupo se contrae para producir un movimiento, el otro grupo se extiende o relaja para permitirlo, y viceversa. Con estos grupos musculares es que generamos la articulación de los dedos y la mano, sin rigidez alguna, y con sólo el trabajo mínimo necesario para el movimiento deseado.

Así es que el trabajo muscular forma la estructura o ingeniería, transformando los dedos en los pilares de la mano armada.

Este trabajo muscular involucra a los flexores. El flexor profundo es el que inicia la curvatura del dedo (yema) y curva el hueso de la falangeta (falange distal) para luego montar la falangina (falange media) y la falange (falange proximal) para llegar al metacarpo, es decir el nudillo, con la ayuda del flexor superficial (para mayor referencia aconsejamos consultar textos de anatomía).

El objetivo es entonces no sólo la curvatura ideal de los dedos, sino también la formación de la palma, para lograr una buena "cúpula".

Ahora bien, como referimos antes, los cinco dedos de la mano no son iguales, pero al lograr la curvatura, los cinco dedos están en posición correcta y pareja para tomar contacto con las teclas en sus yemas.

Aquí nos encontramos ante dos cuestiones que merecen observarse:

1) Los dedos 2, 3 y 4 son iguales, o bastante parecidos en su estructura y largo, mientras el 5 es más corto y

el 1 (pulgar) se abre desde la base de la mano y queda más atrás que los otros dedos.

2) La yemas de los dedos 2, 3, 4 y 5 están en ubicadas de manera ideal para el contacto con la tecla, mientras que la yema del pulgar está de costado, en virtud del ángulo lateral de su posición.

Para armar la mano debemos definir los tres puntos (vértices) de nuestro triángulo para lograr el arco interno o concavidad. Estos 3 puntos son: el vértice superior en el nudillo del dedo 2 (índice), el primer vértice lateral en el nudillo del dedo 1 (pulgar) y el segundo vértice lateral en el nudillo del dedo 5 (meñique).

En las siguientes imágenes (3, 4 y 5) podemos tener una referencia de la *posición geométrica* de la mano armada en base al triángulo para formar el arco y los nudillos *dominantes*:

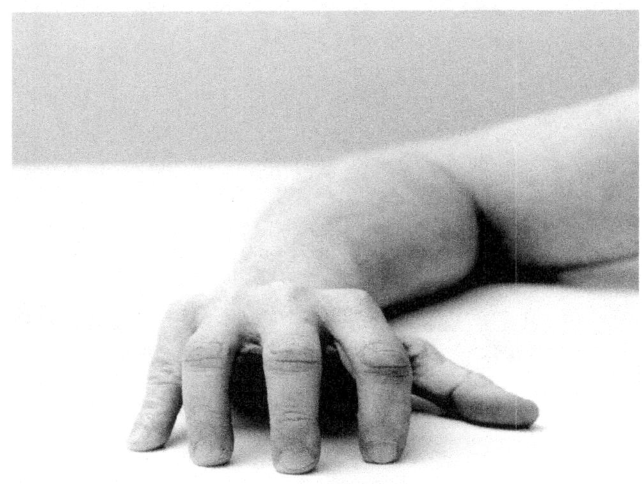

Imagen 3

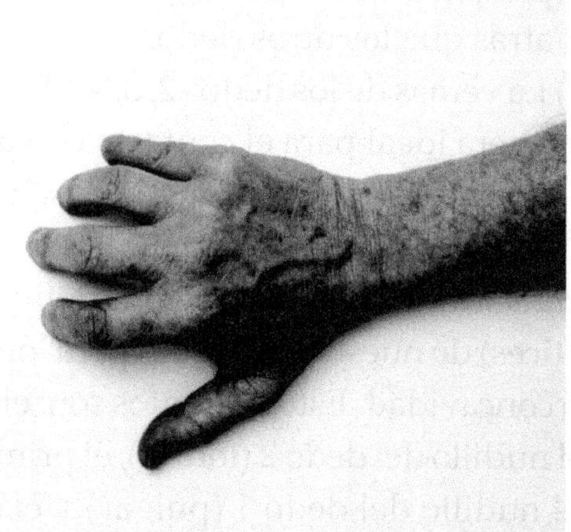

Imagen 4

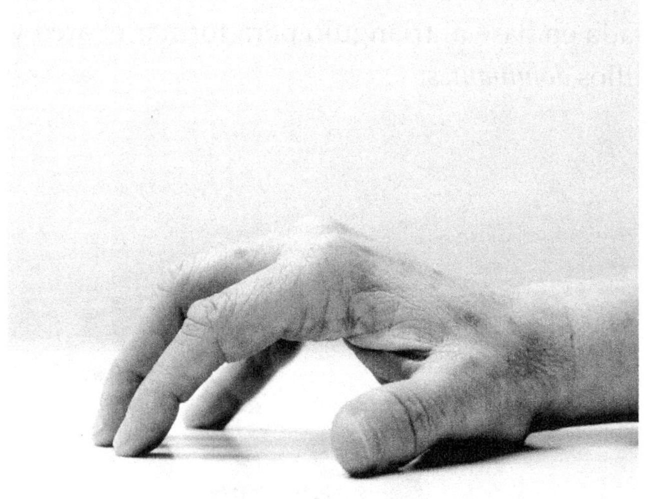

Imagen 5

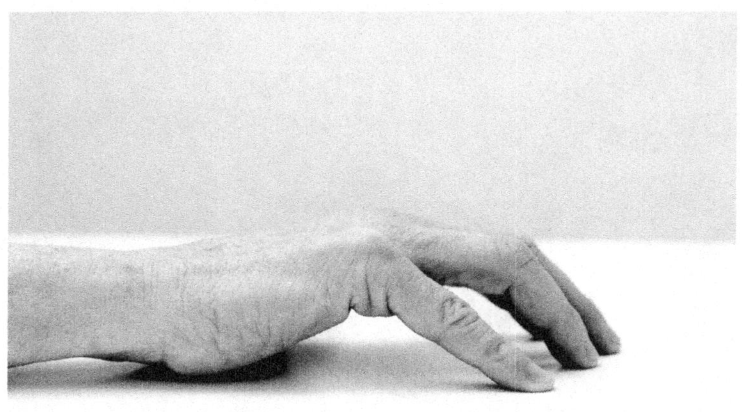

Imagen 6

Al dar vuelta la mano (figura 6) podemos ver con claridad el arco o concavidad (cúpula) de la palma (figura 7):

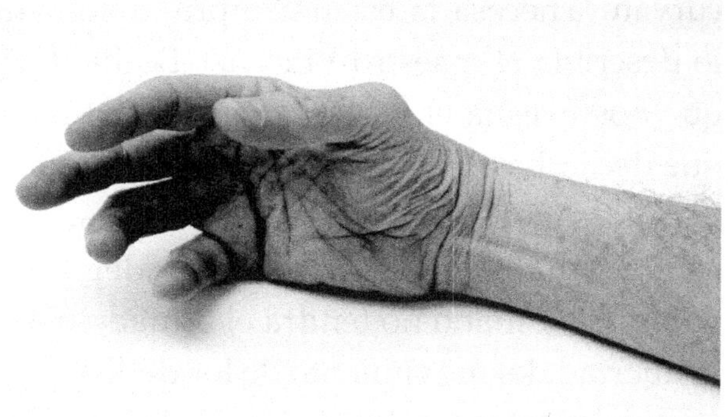

Imagen 7

Imagen 8

Esta estructura perfecta permite que el triángulo arme la mano de manera tal que los nudillos, para generar la curvatura necesaria, estén siempre "dominantes", como lo describía el maestro Vincenzo Scaramuzza y con lo que nos insistía el maestro Fausto Zadra en las clases que dedicaba al trabajo específico de técnica pianística.

Si los nudillos no están dominantes, es decir si no sobresalen sino que parecen "esconderse o achatarse", entonces la mano no tendrá el armado necesario para la libertad del movimiento de los dedos, y su recorrido será más corto y exigido, lo que puede producir tensiones innecesarias.

Podemos tener una referencia de cómo se modifica la mano y se "achatan" los nudillos en las siguientes imágenes:

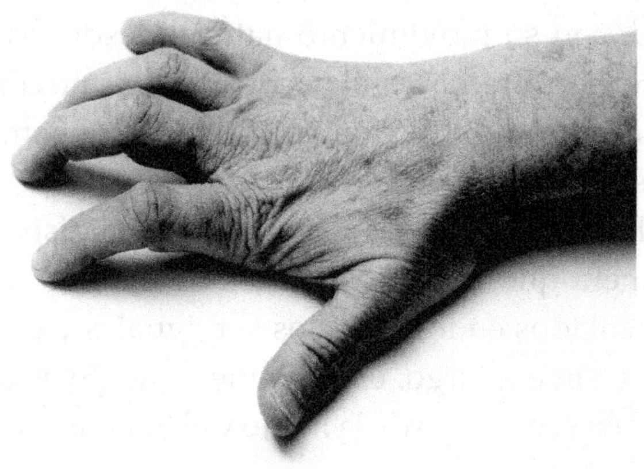

Imagen 9

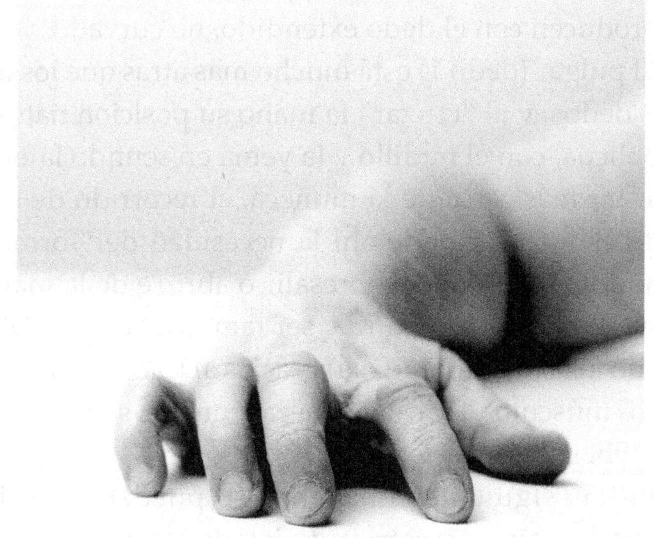

Imagen 10

En la posición correcta de la mano armada con los nudillos dominantes podremos levantar los cinco dedos en forma igual y pareja, y por ende con facilidad, con su movimiento natural desde los nudillos. Esto permite hacer el recorrido del movimiento de extensión y de flexión con la misma geometría y la misma altura.

Los dedos 2, 3 y 4 tienen la misma disposición, de manera que los movimientos de extensión y flexión articulados en los nudillos son iguales y en forma de arco. Sin embargo, el dedo meñique (5) es más corto, está en el extremo de la mano y el ligamento que lo une al anular es más rígido; por eso muchos (no todos) de sus movimientos de extensión y flexión desde el nudillo se producen con el dedo extendido, no curvado.

El pulgar (dedo 1) está mucho más atrás que los demás dedos, y al "cruzar" la mano su posición natural es oblicua, con el nudillo y la yema en sentido lateral. Al estar más cerca de la muñeca, el recorrido de este dedo es más corto; de ahí la necesidad de "formar" el nudillo para poder sobresalir o abrirse de la mano, crear su propia curvatura y ser también "dominante" (como insistía Scaramuzza) gracias al trabajo conjunto de los músculos. De esta manera aumenta su recorrido y su libertad de acción.

En las siguientes imágenes se pueden apreciar las posturas y geometrías de los dedos con la mano armada:

—Pulgar (dedo 1)

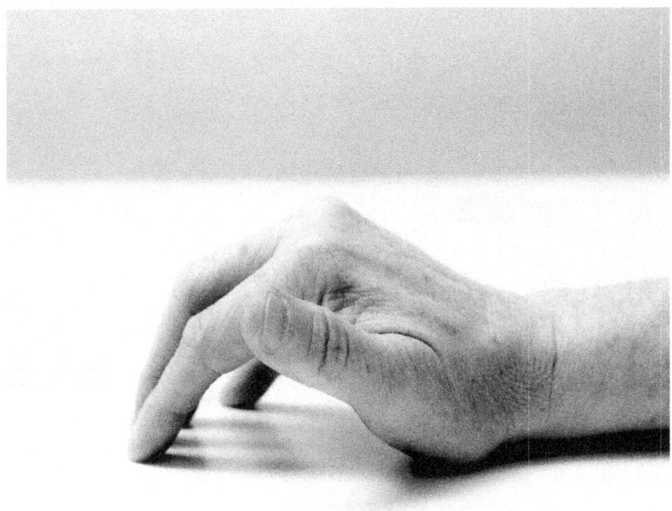

Imagen 11

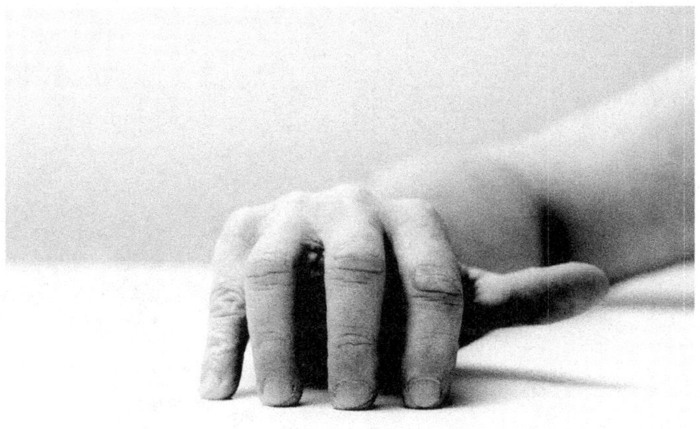

Imagen 12

—Índice (2), medio (3) y anular (4)

Imagen 13

—Meñique (5)

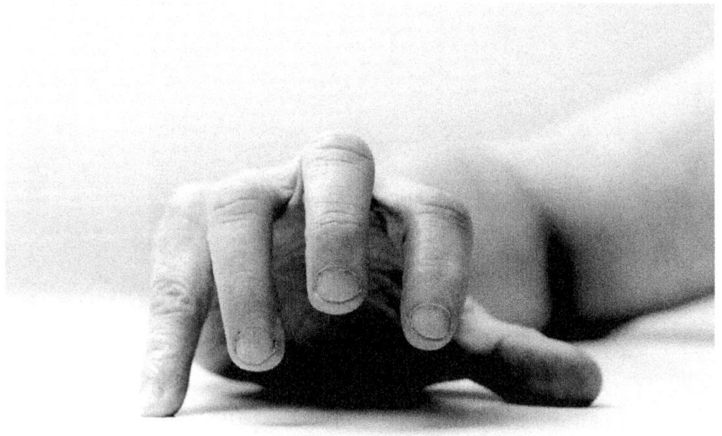

Imagen 14

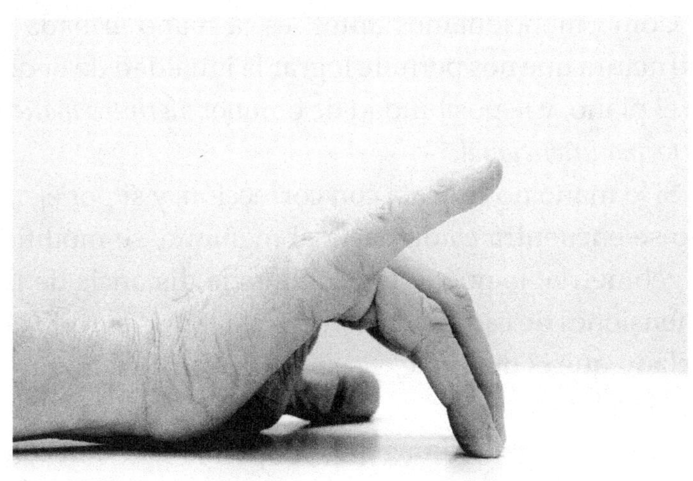

Imagen 15

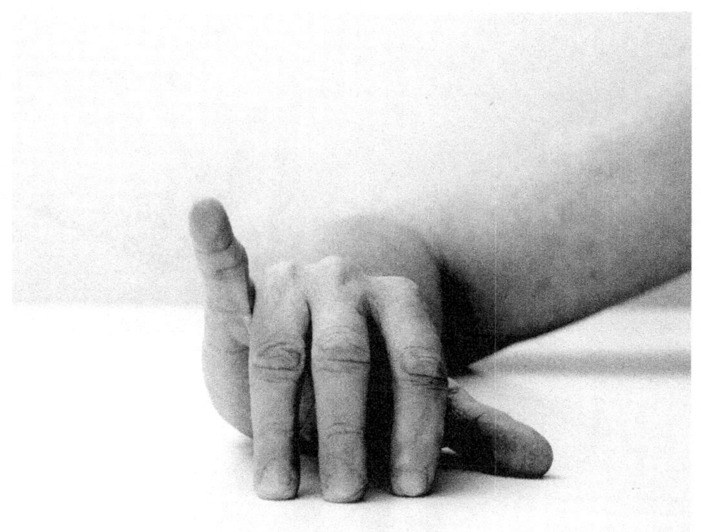

Imagen 16

Como mencionamos antes, es la mano armada la estructura que nos permite lograr la igualdad de dedos en el piano, y la posibilidad de obtener *distintos matices en forma intencional*.

Si la mano no se arma con corrección, y si por ejemplo se encuentra caída hacia el meñique, se modifica la geometría, lo que a su vez altera la distancia de las extensiones de cada dedo con el pulgar más alejado del teclado que el meñique, y se hace muy difícil lograr la igualdad de sonido.

En las siguientes imágenes se aprecia esta situación:

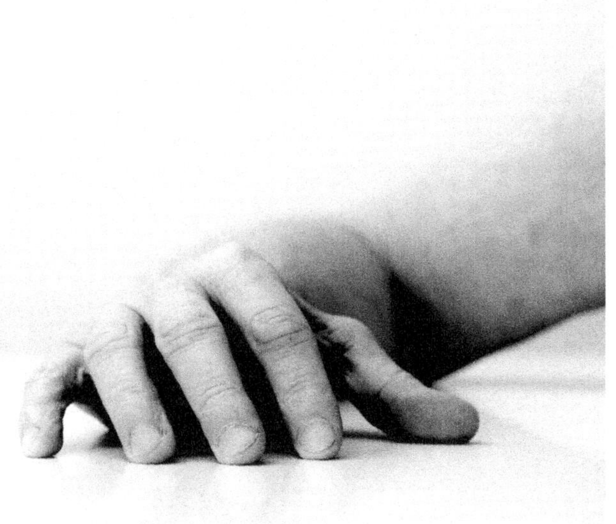

Imagen 17

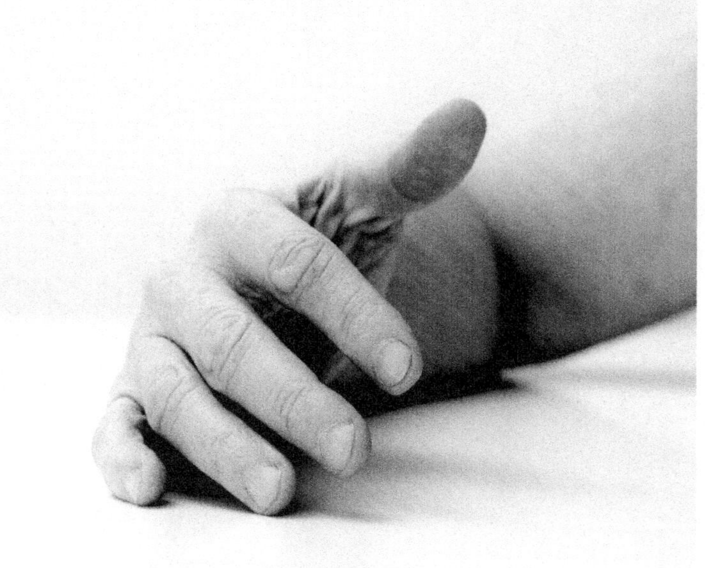

Imagen 18

Como conclusión, la mano armada con sus arcos o concavidades es el resultado de una verdadera sinergia de los sistemas óseo y muscular.

Más aún, la estructura de la mano armada es la base del sistema para comprender y aplicar los *cinco toques.*

2.

Los cinco toques pianísticos

Hemos mencionado que la técnica pianística saludable es una habilidad adquirida basada en leyes naturales y en la biomecánica de los movimientos, que requiere una coordinación eficiente de los sistemas óseo y muscular con la máquina del piano.

El funcionamiento de la máquina del piano se vincula en forma absoluta con el sistema fisiológico, o sea, con los dedos, palma, antebrazo, brazo superior y hasta la espalda y los pies. Es entonces el conocimiento y el desarrollo de ambos sistemas (la máquina del piano y el sistema fisiológico) lo que nos brinda las infinitas posibilidades sonoras.

Consideramos el concepto del "toque" como la aplicación del sistema neurofisiológico para lograr la mayor gama de timbres y dinámicas en el piano, cuya realización más completa y variada depende de la aplicación práctica del conocimiento de cómo funciona la máquina del piano.

El "sistema" incluye las cuatro *masas* o *palancas* en el que podemos dividirlo: dedo (articulación principal en el nudillo), palma o mano (articulación en la muñeca), antebrazo (articulación en el codo) y brazo superior (articulación en el hombro), a los que se agrega la rotación de antebrazo.

Aquí aparecen los *cinco toques pianísticos*, definidos por el punto de articulación desde donde parte el movimiento natural de cada *masa* o *palanca*. Estos cinco toques no son "musicales" de por sí: son gestos, movimientos técnicos; no garantizan resultados artísticos por sí mismos. Para completar la transmisión es necesaria la psicología, la "voluntad artística", que nos llevará al mundo de la sensibilidad de las sonoridades emotivas, como veremos más adelante cuando analicemos los elementos de la expresión.

Es entonces el movimiento de cada parte o masa del sistema lo que define el concepto de cada toque, desde cada uno de sus puntos de origen.

Para analizar los toques es fundamental tener en cuenta la relación entre *masa, distancia* y *velocidad.* De esta relación de factores surge la variedad tímbrica, dinámica y de cualidades sonoras que mencionamos.

Veamos cómo se relacionan estos tres factores.

A medida que avanzamos en el sistema, desde los dedos hasta el hombro, cada *masa* o palanca está en condiciones de generar por sí misma un sonido de mayor intensidad: la masa de la palma o mano es mayor que la del dedo, la del antebrazo mayor que la de la mano y la del brazo completo es mayor que las anteriores.

Además podemos modificar el sonido de cada una de las masas alterando las *distancias.* Parece lógico que cuanto mayor sea la distancia entre cada masa y el teclado, mayor será la intensidad o volumen, porque se genera más *velocidad* en la masa y *en la tecla*.

El tercer factor es entonces el de la *velocidad* de acción: a mayor velocidad, mayor nivel de intensidad en el sonido, y a menor velocidad, menor nivel de intensidad, *de forma independiente de la masa o masas involucradas.*

Por eso es que decimos que el "peso" es un factor secundario, sin la relevancia sobredimensionada que se le suele dar. Por más masa que actúe en un movimiento, es la velocidad que por acción muscular le damos a esa masa lo que definirá el volumen y color tímbrico o matiz del sonido. *Podemos controlar y modificar la velocidad* del movimiento de una parte de nuestro cuerpo, no su peso.

Dicho de otra manera, por acción muscular podemos imprimirle distintas velocidades a una palanca, *mientras que su peso no variará en absoluto.*

El manejo de estas relaciones entre los principales factores en la ejecución pianística es lo que nos ofrece una infinita gama de posibilidades sonoras, nuestra "paleta de colores".

De manera que los cinco toques son:

1) De dedos.
2) De palma o mano.
3) De antebrazo.
4) De brazo superior o húmero.
5) De rotación de antebrazo.

1. Toque de dedos

Es el toque de mayor velocidad, masa más pequeña y el que toma contacto con la tecla. El movimiento o articulación es en los nudillos, y responde a los músculos flexores y extensores. El movimiento del flexor profundo permite que cada dedo se curve y las yemas tomen contacto con la tecla, y de allí continúa el recorrido del flexor superficial hasta los nudillos "dominantes", y es gracias a éstos que se produce la curvatura y el movimiento natural de los dedos a través de la sinergia de músculos y huesos.

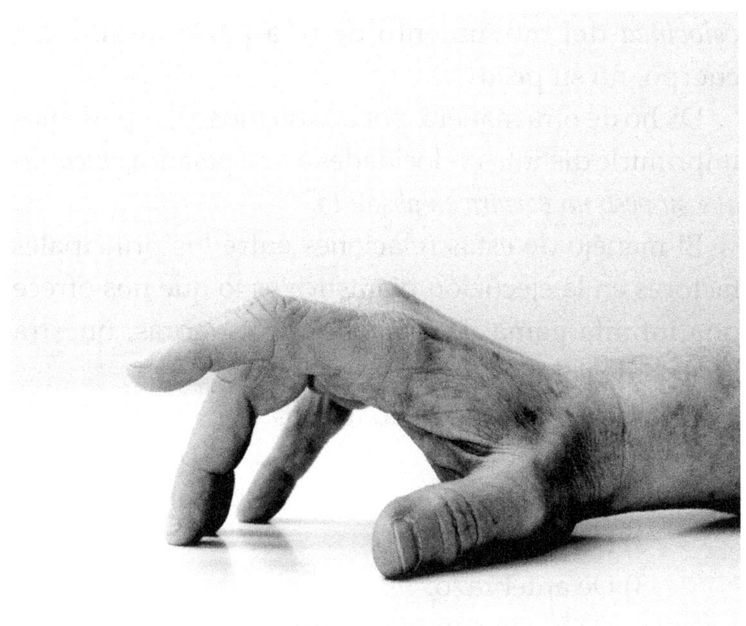

Imagen 19

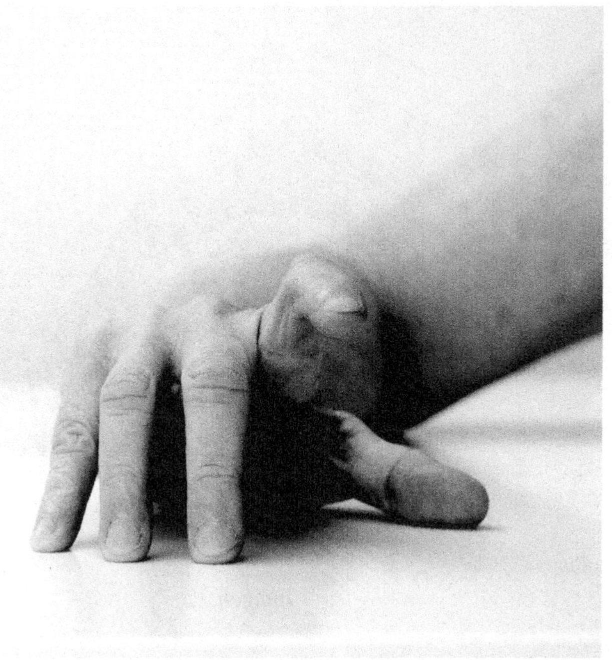

Imagen 20

2. Toque de palma o mano

Aquí el punto de articulación es la muñeca, y se utilizan los músculos extensores y flexores ubicados en el antebrazo, extensores en la parte superior, y flexores en la parte inferior.

Es importante tener en cuenta que al producir el toque de palma los dedos mantengan su posición "armada" sin relajar los músculos extensores; de esta manera la mano no pierde su armado y está lista para la acción.

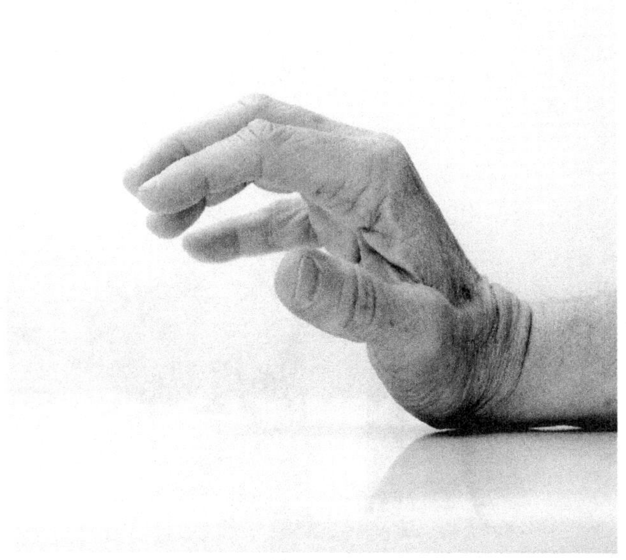

Imagen 21

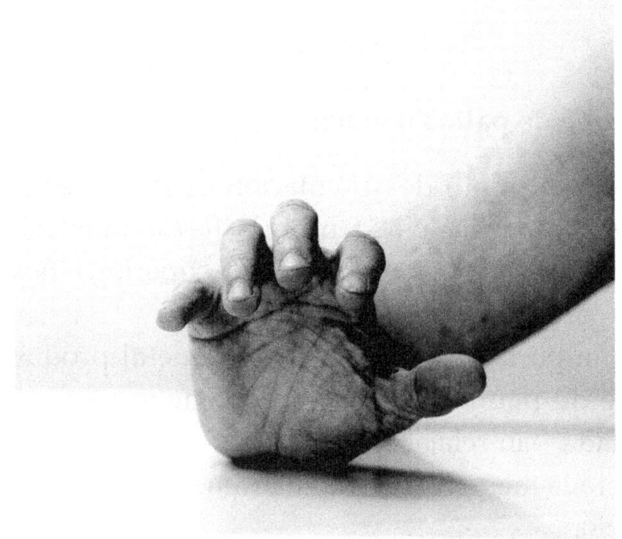

Imagen 22

3. Toque de antebrazo.

Su punto de articulación es el codo, y su acción responde a los músculos bíceps y tríceps, que están ubicados en la parte superior del brazo. En el antebrazo se encuentran sus dos huesos, el radio (externo) y el cúbito (interno).

El toque de antebrazo permite una amplia gama de sonoridades, en especial en lo que corresponde a las dinámicas fuertes, gracias a su gran amplitud de distancias y velocidades.

Imagen 23

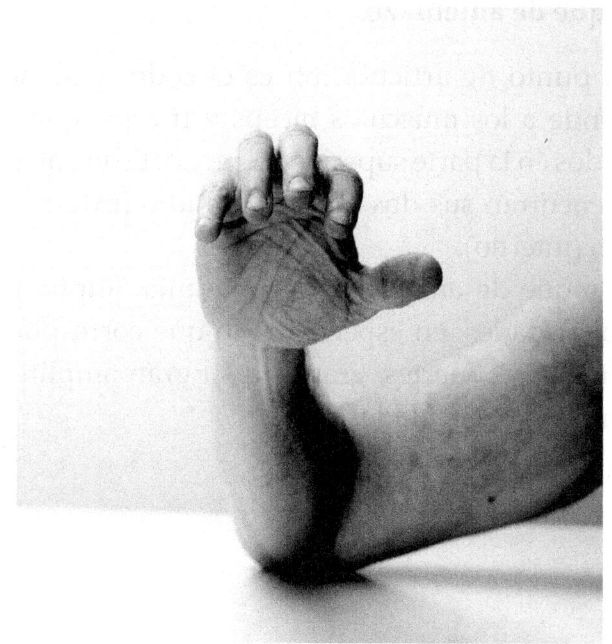

Imagen 24

4. Toque de brazo superior o húmero.

En este caso la articulación es en el hombro, desde donde se origina el movimiento natural pendular de extensión, flexión y abducción por acción del músculo deltoides. Se denomina también "toque de húmero" porque así se llama el hueso del brazo superior. El músculo deltoides es justo el que regula la "sensación de peso" del brazo, permitiendo desarrollar la infinita *graduación* de posibilidades sonoras.

Gracias a su movimiento natural pendular, el toque de brazo superior o húmero se inicia llevando el brazo hacia adelante *antes de accionar las teclas*, para producir el sonido *al volver hacia atrás*, es decir, en la flexión. La mano continúa armada sosteniendo la estructura de los dedos, pero relaja los extensores de la palma por la articulación de la muñeca.

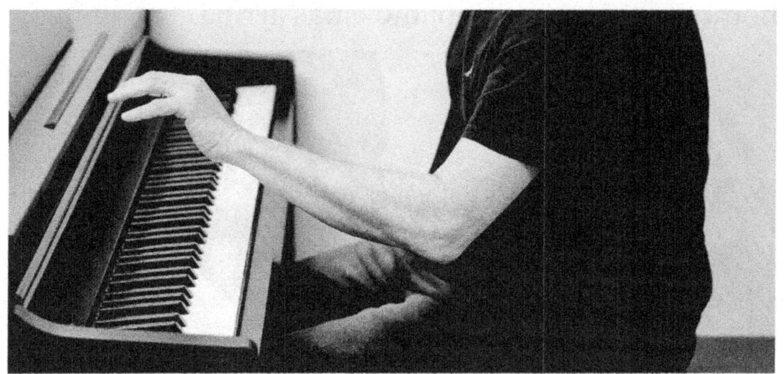

Imagen 25a

El sonido producido por este toque es el menos "directo" de todos; los demás toques generan un ataque más directo o percusivo, pero el toque de brazo produce una sensación de retraso en el ataque y una suavidad en el descenso de la tecla que puede bien considerarse el toque más "afectivo" de todos. Es el toque responsable del sonido o carácter ligado (*legato*) y del apoyo (*apoggiato*).

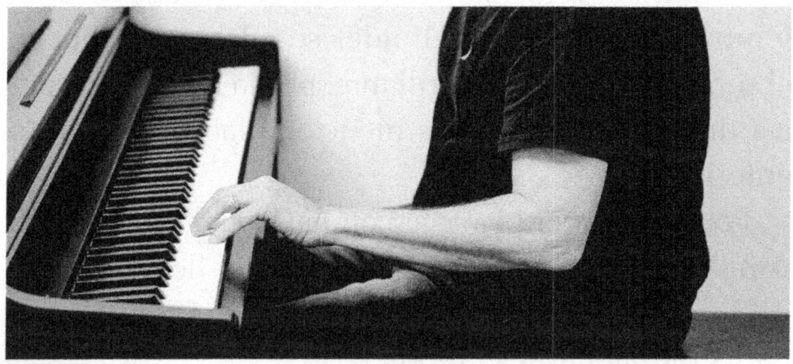

Imagen 25b

Suele llamarse "gravitacional" a ese movimiento de caída hacia atrás del brazo que permite distintas sonoridades, al graduar la velocidad y la distancia por acción del músculo deltoides, ubicado alrededor del hombro, como mencionamos más arriba.

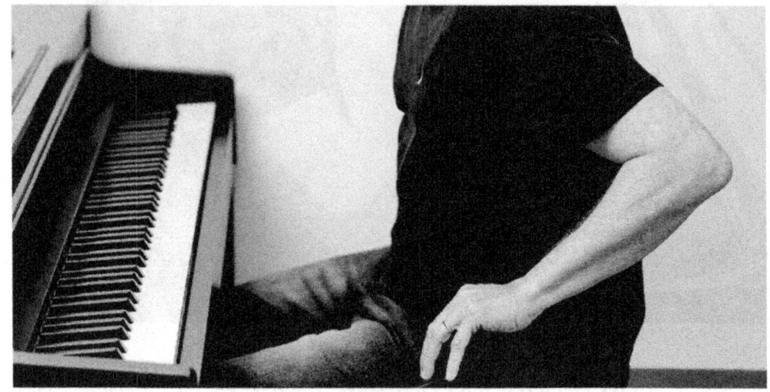

Imagen 25c

En este toque, el movimiento y la producción del sonido son de una notable sutileza y sensibilidad; es casi una "no acción". El sonido se produce casi sin nuestra intención del momento de emisión, y su timbre es pleno y rico en armónicos.

Cuando la velocidad de la caída del brazo es lenta y muy controlada, el deltoides se relaja y se obtiene el sonido apoyado, no brillante, por la mayor presencia de armónicos graves mencionada en el párrafo anterior.

Por eso algunos pianistas comparan este movimiento con la imagen de un paracaídas que al llegar a tierra continúa su movimiento descendente en forma pausada y gradual hasta su reposo.

5. Toque de rotación.

El antebrazo posee esta invalorable capacidad: rotar de un lado a otro por acción de los músculos pronadores, que permiten posicionar la mano con el dorso hacia arriba (palmas hacia abajo), y los supinadores, para la posición contraria.

Imagen 26

Imagen 27

La rotación se inicia en la muñeca, *con el codo quieto*, y permite una amplia graduación de velocidades.

La rotación es el segundo movimiento en velocidad, después del de los dedos, y es fundamental que durante la rotación la mano continúe armada, con los dedos alineados y la correcta concavidad o arco (cúpula) de la mano.

La forma correcta de aplicar el toque de rotación es siempre *hacia el siguiente dedo*. En este toque el meñique tiende a alinearse con el lado externo del antebrazo, el dedo medio tiende a alinearse con el eje central del antebrazo y el pulgar tiende a formar un ángulo con el lado interno del antebrazo (en realidad esta es la alineación ideal que debemos mantener siempre que sea posible). Por ejemplo en la ejecución de trémolos.

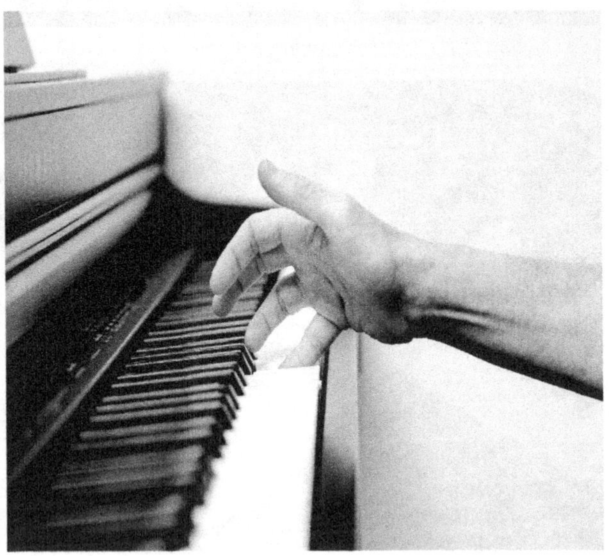

Imagen 28

De manera que en la rotación la mano realiza sus movimientos de giro con el antebrazo y desde la articulación del codo, pero *el movimiento se origina con la muñeca*. Los dedos mantienen su estructura pero sin articulación, salvo en el caso en que se combinen rotación y toque de dedos.

En la imágen siguiente, a modo de ejemplo, se aprecia el movimiento de rotación más ampliado o exagerado:

Imagen 29

La traslación, las geometrías de la mano y el "gesto musical"

Analicemos ahora la gran variedad de posibilidades que nos brinda la formación correcta del sistema con la mano armada para obtener la mayor gama de sonoridades.

La *traslación* es el movimiento transversal que puede realizar la mano a través de la articulación de la muñeca con la ayuda del brazo para acomodar el sistema y llegar a las posiciones necesarias, por ejemplo en saltos o intervalos amplios en los que algún dedo funciona como pivote para lograr este movimiento.

El objetivo es adaptar cada pasaje a la postura más natural que permita tocar con el menor esfuerzo posible y así ahorrar energía.

La traslación no sólo nos ahorra energía: también evita la "posición fija" del sistema, que nos impide tocar con comodidad, con agilidad o con el toque deseado.

Al colocar la mano en la mejor posición para cada situación, o sea, las distintas *geometrías*, aparece entonces el concepto de *gesto musical*.

El gesto musical puede compararse con la representación corporal que un director de orquesta utiliza para obtener la sonoridad y su visión musical de una obra. Ese gesto o movimiento refleja y expresa el toque, el timbre, la dinámica, etcétera.

En suma, la cualidad sonora. Podemos considerar que el gesto musical es el eslabón entre lo que vemos en la partitura y su representación en el teclado, resultado de la decisión neurofisiológica para el toque y la producción sonora.

Cuando en nuestra percepción se unifica lo que vemos con lo que sentimos y nuestra visión de la obra, el resultado maravilloso es el gesto musical.

Veamos por ejemplo las octavas ascendentes de la mano izquierda al comienzo de la obra *Novelletten, Op. 21 N° 1* de Robert Schumann.

Imagen Partitura 1

En estas octavas al principio hay un salto descendente —a partir del segundo tiempo—, luego ascienden por la escala, luego otro salto descendente al que le sigue otra línea ascendente. Es decir que ese pasaje forma una línea *geométrica* en diagonales, no una sola línea recta. Es entonces mucho más fácil y natural usar la *traslación* de la muñeca para posicionar la mano y los dedos involucrados en las octavas en esas líneas diagonales. Todo el sistema se prepara y asume la mejor posición, respetando en definitiva el *gesto musical*.

En la siguiente secuencia de imágenes puede observarse la distinta posición de los dedos en la sección ascendente de octavas del primer compás, sobre las notas fa, sol, la y el si bemol del tercer tiempo del primer compás:

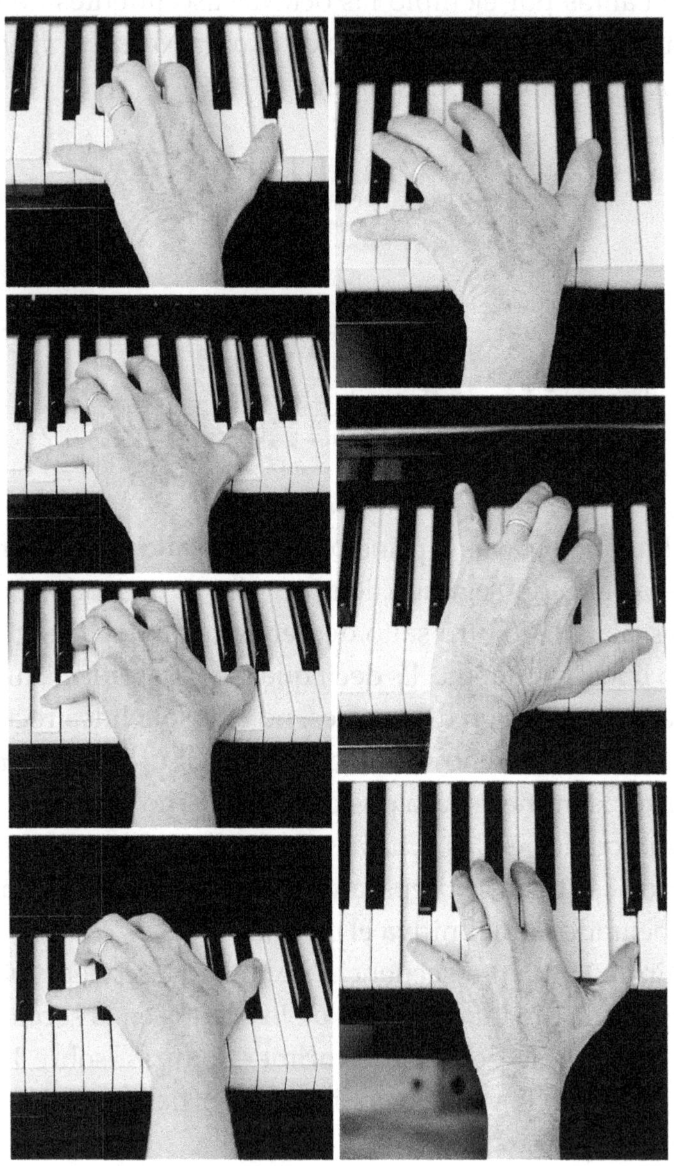

Imagen 31

Otro ejemplo para la traslación lo vemos en el Estudio Op.25 Nº 1 de Chopin:

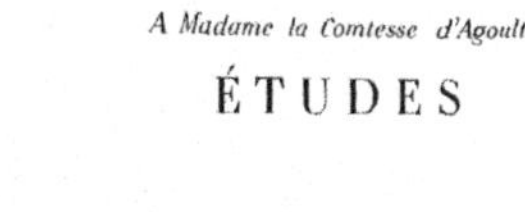

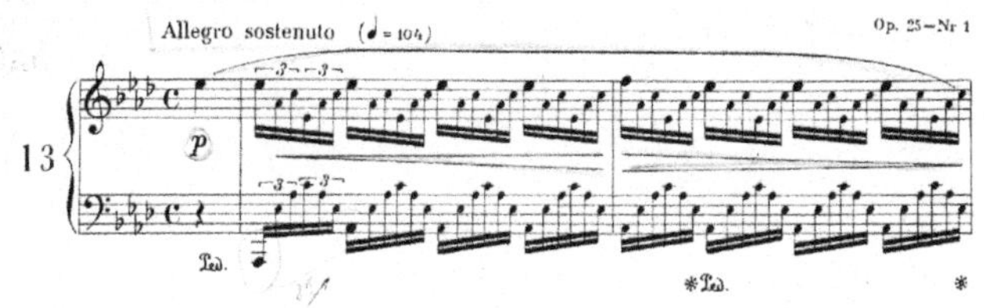

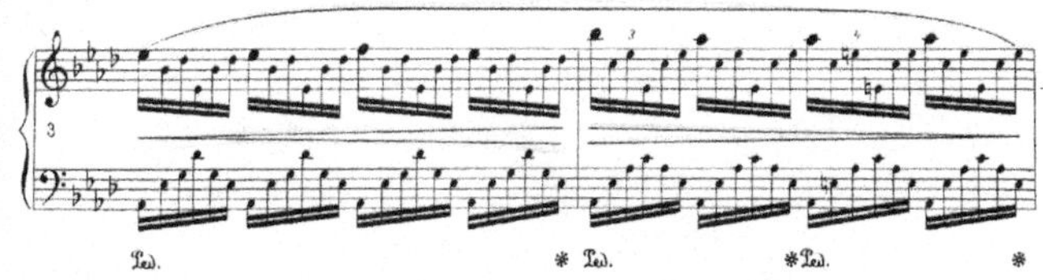

Imagen Partitura 2

3.
Matiz tímbrico

Resultado sonoro de los cinco toques
y sus combinaciones

"De la materia sola no puede venir la expresión."

Fausto Zadra

Los resultados sonoros de los toques constituyen la parte sensible, la concreción de nuestra conexión psíquica, anímica y espiritual con la técnica instrumental. Esto nos permite tener los canales libres para buscar "nuestro propio sonido".

Consideramos que la búsqueda de nuestro propio sonido es uno de los objetivos más hermosos e interesantes en nuestra investigación y desarrollo constante como pianistas. No tiene fin, no se termina nunca gracias a las infinitas posibilidades de sonidos que podemos realizar.

El toque elegido con la razón —desde el cerebro hacia el dedo—, y su gesto consciente visible nos permite tomar contacto con la tecla y el mecanismo del piano, y así sentir el sonido producido. Ese sonido es el producto del trabajo previo y debe estar en nuestra mente, registrado como un archivo.

Cuando unimos el gesto con lo visual y el sonido se produce la síntesis: se trata de la magia de la concreción sonora.

Un ejemplo de ello es el gesto "musical" del director de orquesta, que tiene que transmitir con claridad lo que él "ve y escucha" en su cerebro. El pianista tiene la maravillosa posibilidad de transmitirlo y así lograr su paleta de colores y timbres sonoros, comunicándonos su musicalidad.

Sin embargo, para obtener un sonido bello en el piano, o quizás dicho con más precisión, para lograr el sonido que cada pianista desea, es imprescindible entender cómo funciona la máquina del piano, cómo responde según sea el descenso de la tecla.

Como veremos en la siguiente sección —Lo mecánico—, no es posible lograr el sonido que deseamos sólo trabajando con nuestra fisiología. O en todo caso, y si fuera posible lograrlo sólo con nuestra fisiología, es muy posible que nos llevaría mucho más tiempo del que invertimos cuando entendemos el funcionamiento de la máquina y cómo interactuar con ella para beneficiarnos y avanzar en nuestro pianismo.

No dudamos de que hay pianistas que con naturalidad y en poco tiempo —o en ciertos casos desde el primer día—, logran un sonido pleno y bello, pero también se ha comprobado casi siempre que cuando se les pregunta cómo lo obtienen *no saben explicarlo*. Se trata de pianistas o estudiantes que sin pensarlo generan los movimientos correctos.

Por supuesto, poco o nada nos puede ayudar alguien que no sabe y/o no puede explicar cómo produce su sonido. Lo que sin duda sí nos ayuda es saber qué hay que hacer para obtenerlo y, repetimos, sólo la técnica pianística en su aspecto neurofisiológico no es suficiente, como lo evidencia la cantidad de estudiantes que conocen todos los aspectos de lo que por lo general llamamos "técnica pianística" y sin embargo no logran los objetivos deseados.

Allí hay un vacío, un faltante, un elemento fundamental del "sistema total" que no está desarrollado. Ese elemento es el conocimiento de cómo la máquina del piano nos ayuda a aplicar con eficiencia todo lo relacionado a la neurofisiología.

Lo repetimos una vez más: en el piano "tocamos" las teclas, no "el piano", y las teclas son el primer componente de un mecanismo complejo que termina en los martillos. ¿Cómo podemos lograr eficiencia en su manejo si desconocemos su funcionamiento?

La tecla no es un botón pulsador: no es al final de su recorrido que se produce el sonido. El sonido se produce *antes* de que la tecla llegue a su posición inferior. La tecla es en realidad una *palanca* y actúa como tal: en el extremo que no vemos, más allá del punto de apoyo, la tecla sube e impulsa al "caballete" —un sistema de palancas, resortes, impulsador, etcétera—, sobre el que está apoyado el martillo. Antes de que la tecla llegue al final de su calada el martillo se separa —"escapa"— en virtud del impulso transmitido desde la tecla, y llega a la cuerda *sin estar en contacto con el caballete*.

De manera que la tecla no sólo es una palanca, sino que además impulsa de al martillo de manera análoga a una catapulta.

¿Podemos darnos entonces el lujo de no conocer lo que sucede allí "adentro", sabiendo que todo ese conjunto de componentes reacciona de innumerables maneras según sean las diferentes formas de descender una tecla?

Al comienzo de esta sección mencionamos las tres "decisiones" que podemos tomar en la tecla: cuándo iniciar su descenso, a qué velocidad y aceleración y recorrido total la descendemos, cuánto tiempo sostenerla abajo —no por fuerza sobre su posición más baja—, y cuándo y a qué velocidad permitir su ascenso.

Analicemos ahora la segunda decisión: el tiempo que mantenemos la tecla descendida, lo que define entonces la *articulación*, o sea, la duración del sonido.

Las articulaciones

Las llamadas articulaciones musicales son parte del resultado sonoro que expresamos. Como la mayoría de indicaciones en la música, se suelen expresar en italiano: *legato, non legato, staccato, marcato, tenuto, acento,* etcétera

Para no crear confusiones entre el concepto y el lenguaje, nos parecen atinadas dos formas concretas para estas articulaciones: *legato (ligado)* y *non legato (no ligado)*. Y en el medio de ellas tal vez una tercera posibilidad, que nuestro querido Fausto Zadra (entre otros grandes maestros) denominaba *semilegato*, y que nosotros proponemos como nombre alternativo *ligado (legato) de media tecla*.

Veamos cómo con estas tres maneras se obtienen distintas posibilidades que amplían el abanico del matiz tímbrico.

En el *legato* no hay interrupción entre los sonidos (o entre las notas), de manera que cada tecla queda descendida hasta que comenzamos a descender la siguiente, coordinando los dos movimientos.

Partamos de la base de que hablar de *legato* o *ligado* en el piano es en cierta forma una irrealidad, porque al tratarse de un instrumento de percusión (los martillos percuten las cuerdas), resulta imposible que dos o más notas puedan estar unidas por una sola emisión, como sucede por ejemplo en el violín, en el que una serie de notas sucesivas pueden estar ligadas por la frotación del arco sobre las cuerdas. Pero lo maravilloso de la unión del mecanismo del piano con nuestro sistema neurofisiológico es que nos permite producir un efecto que se percibe como ligado real, un ligado "psicológico".

Distinto es el caso del *legátissimo*; en el que el sonido se prolonga sobre el siguiente de forma leve. Es decir, que la tecla que ya descendimos no asciende mientras la siguiente desciende, sino después de un muy breve momento *después* de que ésta llegó a la posición más baja deseada y el martillo correspondiente percutió sus cuerdas.

En el *non legato* (no ligado) ya hay una leve separación entre las notas, de manera que debemos coordinar el ascenso y descenso de las teclas para que se produzca una leve pausa. Aquí podemos mencionar otras posibilidades de *non legato* como el *staccato*, *staccatissimo*, *tenuto*, *acento*, *marcato*.

En el *staccato*, también denominado *picado*, indicado con un punto debajo o sobre la cabeza de una figura (según sea la dirección de la plica) o la misma palabra, la pausa debe corresponder a la mitad del valor de la figura, si bien esta duración responde en cierto grado a la subjetividad de cada ejecutante, lo que sucede también con el *staccatissimo*, entendido como la menor duración posible.

Recordemos: desde el punto de vista *sonoro*, las distintas articulaciones dependen de cuánto duran las notas, o dicho de otra manera, de cuánta pausa o silencio hay entre ellas, como en el caso del *non legato* hacia el *staccatissimo*, o si no hay interrupción entre ellas, como en el *legato* o el *legatissimo*.

Para lograr estos resultados sonoros insistimos en la conjunción de lo neurofisiológico con lo mecánico, el conocimiento y control de la máquina del piano.

Desde el punto de vista *neurofisiológico*, podemos realizar la búsqueda de los distintos resultados sonoros de *legato* y de *non legato*.

Desarrollamos las posibilidades del *legato* con el dedo, el brazo y la rotación del antebrazo, ya que estos tres elementos nos brindan una suerte de *acción sonora involuntaria,* o sea, un sonido que se produce cuando llega el final del movimiento casi sin nuestra acción o intención directa. Casi no se siente (se disimula) el impacto del martillo gracias a que su velocidad *y su aceleración* disimulan o reducen la intensidad del ataque.

Analicemos estas posibilidades:

1) *Legato de dedos.* Es el traslado de la energía de un dedo al otro, de una nota a la otra en *forma balanceada* sin interrupción. El legato viene del toque de la yema del dedo que hace trabajar con intensidad el músculo flexor profundo cuando ya produjo el sonido desde la tecla, para curvarlo y armar la "ingeniería ósea" hasta el nudillo con el flexor superficial.

El dedo siguiente ya está preparado prepara para la nota que sigue, y se acciona con los músculos extensores para levantarlo y con los flexores para descenderlo y así producir el sonido de la misma forma que el dedo anterior. Es decir que hay un instante mínimo en que las dos teclas están descendidas, y los dos sonidos parecen "solaparse". Una vez que este siguiente dedo está abajo, el dedo anterior se alza con el extensor para ascender y salir de la tecla, en forma coordinada.

Es en ese momento en el que podemos ver y sentir los movimientos del dedo y escuchar su resultado sonoro natural: el legato.

2) *Legato articulado*. Es tal vez otra posibilidad sonora del dedo a través del movimiento del extensor y del flexor, pero con mayor velocidad y mayor amplitud o distancia.

3) *Legato de brazo*. Podemos producir la *sensación* del legato también con el brazo. Los dedos que están tocando no se mueven sino que sostienen la tecla con los flexores hasta el último momento, mientras el movimiento lo realiza el brazo desde el músculo deltoides en el hombro para ir al próximo o a los próximos sonidos. De esta forma no hay silencio entre nota y nota, lo que genera la sensación del legato y eliminando el "ataque".

Además, según la velocidad y la distancia podemos variar las posibilidades sonoras y tímbricas. Si la velocidad y distancia son considerables, entonces realizamos la caída del brazo con inercia y el resultado es de gran intensidad sonora. Pero al no ser voluntario (sin ataque), si la velocidad es moderada el sonido será no golpeado y pleno de armónicos graves.

Cuando la velocidad de la caída del brazo es más controlada "más lenta o muy lenta" y el deltoides se relaja, como una caída depositada, logramos otro sonido de toque del brazo denominado *apoggiato* (apoyo o *apoyado*), un sonido "no brillante". Como ya mencionamos, el apoyo nos da la imagen de la caída controlada como la de un paracaídas que toca el suelo pero aún continúa su movimiento progresivo y lento hasta el reposo.

Podemos ver un ejemplo de estas posibilidades sonoras en el maravilloso Preludio Nº 20, op. 28 en Do menor de Chopin, en el que el autor escribe para toda la obra la indicación de tempo más lenta: "Largo" (es decir muy lento), y con el toque "legato".

El primer sistema requiere mucha sonoridad, es decir una dinámica *ff* (*fortíssimo*, muy fuerte). *Este ejemplo es para la caída del brazo.*

En el segundo y tercer sistema Chopin escribe legato con una dinámica *p* (*piano*) en el caso del segundo sistema y *pp* (*pianissimo*) para el tercero. *Estos ejemplos son para el apoyo del brazo.*

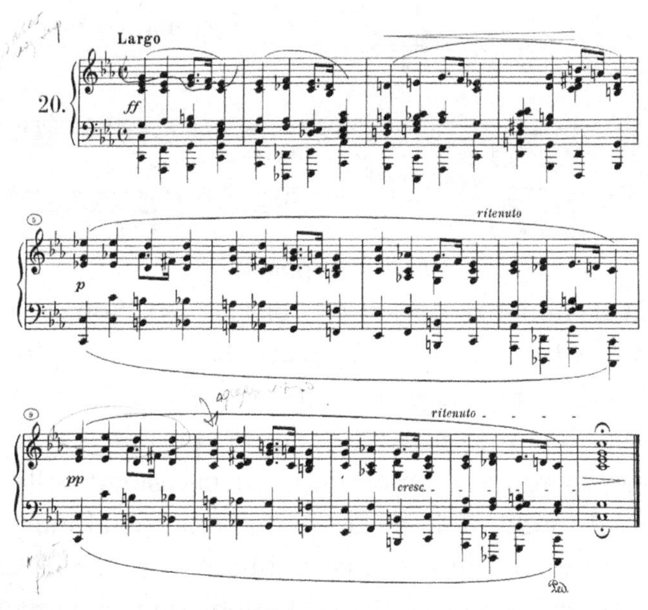

Imagen Partitura 3

4) *Legato de rotación.* Si utilizamos la posibilidad ya descripta de rotación del antebrazo, podremos ligar dos notas (en especial las octavas) sin mover los dedos. Es decir que sólo rotando el antebrazo con la mano armada sostenemos el peso para lograr el ligado. También aquí la velocidad y la distancia modifican las posibilidades sonoras y tímbricas.

Imagen Partitura 4

En el comienzo del *Allegro con brío* de la Sonata "Patética" de Beethoven tenemos un excelente ejemplo del ligado de rotación en la mano izquierda. Beethoven pide la dinámica *piano*, lo que nos permite lograr el pasaje ligando con comodidad y sin necesidad de llegar hasta el fondo de la tecla, de manera que el martillo reciba sólo el impulso que la dinámica requiere. Obsérvese que la mano izquierda debe ligar, y la mano derecha debe picar los acordes, lo que se indica con el característico punto sobre o debajo de las cabezas de las figuras:

5) *Non legato*. En esta articulación el sonido es brillante, ya que es un toque directo, con ataque, una acción directa y voluntaria en la que es fundamental tener la mano armada. Aquí también podemos realizar la búsqueda de los distintos resultados sonoros que mencionamos: ataque de dedo, de palma y de antebrazo, con sus infinitas posibilidades sonoras según la distancia y la velocidad. De esta forma podemos investigar todas las variantes de sonidos de menor duración a los que llamamos *staccato* y sus alternativas de más *marcado* o *acentuado* (*marcato*) e incluso *sf* (*sforzato*), que significa "con esfuerzo", y que a veces se interpreta como un acento.

Podemos considerar que más que un acento, en realidad el *sf*, es un aspecto psicológico de la dinámica, una especie de mayor "conciencia" en la emisión, un incremento en el color de la dinámica con la que se viene tocando un pasaje. Encontraremos la indicación *sf* en todas las dinámicas (*pp, p, mp, mf, f, ff, ff*, etc.).

6) *Legato (ligado) de media tecla*. Proponemos esta descripción para un tipo de ligado *sin usar el pedal* sobre el que no existe consenso general en cuanto a su denominación. Esta alternativa de toque produce un sonido muy especial e interesante, con cierto brillo y "aterciopelado".

La escritura suele indicarse con *staccato* o los puntos del *picado* y ligadura de expresión al mismo tiempo. Esto nos indica que una parte de nuestro sistema debe realizar el toque *legato* y otra parte debe "separar", es decir, realizar un movimiento como de toque *non legato* o *staccato*.

Para ello la única posibilidad neurofisiológica es la de ligar con los dedos, es decir que estos no actúen, pero sin separarse de las teclas para ayudar a producir este efecto de ligado, mientras que el brazo realiza el movimiento para emitir los siguientes sonidos, como si estuviéramos produciendo un picado.

El objetivo de este muy sutil efecto de "media tecla" es controlar el descenso y ascenso de las teclas de manera que estas no lleguen a su posición más alta, es decir que las teclas queden más o menos "a medio camino" en su ascenso, lo que nos permite volver a descenderlas antes de que los apagadores lleguen a las cuerdas y antes de que los martillos sean retenidos por los atrapes, quedando así lo más cerca posible de las cuerdas.

El resultado sonoro como dijimos es muy especial, con una sensación de intensificación del ligado sin la característica resonancia por simpatía que se produce al descender el pedal derecho. Y una vez más tenemos la posibilidad de diferentes matices tímbricos de acuerdo con la velocidad y de acuerdo con las diferentes distancias de ascenso de las teclas (por eso el término *media tecla* es sólo una generalización).

Muchas veces aparece en la partitura el *legato* de dos o más notas iguales repetidas, sin la indicación del punto o staccato. No sería necesario escribirlo así, ya que de todas formas para realizarlo vamos a tener que hacer el mismo proceso descripto antes.

Veamos dos ejemplos del *ligado de media tecla.*

Imagen Partitura 5

En la imagen anterior, correspondiente al Impromptu Nº 2 Op. 142 de Schubert leemos la indicación *sempre legato*, y ya tenemos en ambas manos notas repetidas desde el primer compás (luego de la anacrusa). Luego en los compases 17 y 20 aparecen los puntos del picado, pero sabemos que hay que continuar con la articulación ligada.

En el comienzo de la Sonata 21, Op. 53 ("Waldstein") de Beethoven tenemos ante nosotros otro maravilloso ejemplo del *ligado de media tecla* sin usar el pedal de resonancia.

Imagen Partitura 6

El mejor *feedback*, la mejor forma de controlar hasta qué punto podemos ascender las teclas es *observar los apagadores* y desde las teclas no permitir que éstos se apoyen sobre las cuerdas durante la repetición de los acordes.

Repetimos: toda esta amplia variedad de articulaciones sólo puede controlarse desde las teclas. Sólo pensando en cómo responden los componentes de la máquina en cada tipo de decisión que tomamos se pueden obtener los efectos deseados. Y esto implica *saber qué componentes de la máquina estamos controlando para producir un efecto determinado.*

Como dijimos antes, desde el punto de vista "fisiomecánico" —si se nos permite el barbarismo—, las distintas articulaciones dependen entonces del *tiempo en el que permitimos que los apagadores actúen sobre las cuerdas,* lo que sólo puede controlarse con nuestro sistema en contacto con las teclas. El efecto *sonoro* se controla con el oído, pero el efecto *mecánico* se controla uniendo nuestra fisiología con la máquina, siendo conscientes de cómo esa vinculación produce el resultado buscado.

Habíamos mencionado también comentamos antes que otro factor clave en la articulación o duración de las notas es la *velocidad* (¡siempre la velocidad!) con la que permitimos ascender a la tecla.

Sin embargo, hay otro factor que debemos tener en cuenta y que podemos aprovechar para ampliar las posibilidades sonoras: el recorrido de tecla.

Pensemos por ejemplo en un pasaje rápido que debe tocarse *pianissimo* y a la vez *staccato.* La forma más eficiente y más fácil de ejecutarlo y con el menor trabajo muscular es descender las teclas lo mínimo necesario como para que los martillos lleguen a las cuerdas con poco impulso (o sea, con poca velocidad).

Esta estrategia "fisiomecánica" logra los tres resultados al mismo tiempo:

1) Es la forma más fácil y con el menor esfuerzo de lograr el *pianissimo*, porque se impulsa a los martillos con poca velocidad.

2) Es también la forma más simple de lograr la velocidad requerida por el pasaje, porque al descender las teclas unos pocos milímetros se ahorra tiempo en la emisión del resto de la frase.

3) Se obtiene el grado de *staccato* requerido, porque al descender apenas las teclas, los apagadores sólo se separan de las cuerdas un muy breve tiempo y una mínima distancia. De esta manera actúan de inmediato cuando ascienden las teclas, frenando la cuerda al ascender las teclas.

Otra aclaración se hace necesaria, si bien se desarrolla con más detalle en la siguiente sección sobre lo mecánico: para el "*tenuto*", o sea, para dejar vibrar una cuerda, *no es necesario sostener la tecla en su punto más bajo*. Es suficiente con sostenerla unos pocos milímetros antes de su base, mientras el apagador está más cerca de las cuerdas pero aún no las frena.

Pensemos en las enormes ventajas de esta posibilidad. Si bien no negamos que sostener las teclas en su base puede resultar más cómodo y brinda cierta seguridad —aunque sin darnos cuenta podemos presionar la tecla en exceso, con el consecuente efecto negativo—, en ciertas ocasiones puede resultar más conveniente sostener las teclas descendidas antes de su base.

Las ventajas de esta suerte de "tenuto en el aire" (¿"tenuto de media tecla"?) son varias: por un lado eliminamos el riesgo de tensiones nocivas, porque es imposible presionar en exceso una tecla que no está apoyada en su base. Por otro lado nos brinda más control sobre el momento en que queremos silenciar esa nota, porque el apagador está más cerca de las cuerdas y por lo tanto podemos controlarlo con mucha más precisión. Además este tenuto alternativo nos ayuda a ampliar la "conciencia de la tecla", o sea, a "sentir" los diferentes puntos y efectos sonoros durante su recorrido descendente y ascendente, con lo que se aumenta también el control del toque.

Es la falta de conocimiento de cómo funciona la máquina del piano o no considerar que éste sea relevante lo que suele llevar a intentar explicaciones sólo desde el sistema de dedos-mano-brazo que nadie entiende, porque no es sólo desde lo fisiológico que se resuelve la mayoría de las dificultades en la ejecución. Sería como pretender que alguien aprenda los movimientos correctos para tocar el violín sin usar el arco.

Como siempre lo repetimos, el desconocimiento del sistema mecánico con el que debemos interactuar como pianistas no sólo tiende a limitar nuestras posibilidades interpretativas, sino que además puede producir a mediano o largo plazo una serie de consecuencias nocivas para nuestro cuerpo.

4.

Relajación, tensión y rigidez

Estado y trabajo muscular

En nuestros talleres y clínicas, solemos hacer una pregunta interesante: cuando tocamos el piano, ¿lo hacemos con o sin tensión? También son interesantes las respuestas, porque muestran cierta confusión sobre este tema. Se suelen escuchar respuestas como "tocamos con tensión pero relajados", "tocamos sin tensión", etcétera.

Es fundamental tener en cuenta que cuando tocamos el piano *siempre habrá cierto grado de tensión*, pero entendiendo el término como *trabajo muscular necesario para realizar un movimiento*. Cualquier trabajo muscular de más o innecesario sí constituye tensión excesiva, y puede producir contracción o rigidez muscular.

Podemos entonces diferenciar tres aspectos: relajación, tensión y rigidez.

1) En estado de relajación no hay trabajo muscular, por lo tanto no hay movimiento.

2) En estado de *tensión controlada* los músculos trabajan sinérgicamente para producir los movimientos requeridos.

3) En estado de rigidez hay trabajo muscular no sólo excesivo, sino también *simultáneo* en los músculos antagónicos, lo que lleva el sistema a la contractura muscular y a la imposibilidad de realizar un movimiento o realizarlo de manera incorrecta.

De esta condición suelen derivar problemas técnicos y hasta físicos, como tendinitis, síndrome del túnel carpiano, dolores musculares o en las articulaciones, etcétera.

Debemos tocar siempre con el trabajo muscular mínimo necesario para cada movimiento a realizar. Hablamos de "tensión controlada" cuando un músculo en particular se contrae para producir un movimiento y el músculo antagónico *se relaja* para permitir ese movimiento. Para el movimiento opuesto, ocurre lo contrario: ahora se relaja el músculo que realizó el primer movimiento y se contrae el músculo que se relajó en el paso anterior.

Cuando este trabajo combinado se altera sobreviene la contractura o rigidez, que, como dijimos, es la consecuencia de la *tensión o contracción simultánea de los músculos antagónicos.*

Volvemos ahora a nuestra definición de la "técnica saludable basada en leyes naturales", pues este trabajo muscular dual es natural y responde al correcto funcionamiento de nuestros sistemas muscular y óseo. Podemos definir entonces tres estados musculares y sus efectos resultantes:

1) Relajación total: inútil para la ejecución.

2) Trabajo muscular controlado y natural: solidez en la técnica y ejecución.

3) Tensión excesiva: contractura muscular, dolores, fatiga y lesiones.

En la sección sobre lo mecánico, "De los dedos a los martillos", mencionaremos y describiremos en detalle el que quizás sea el problema técnico muscular más extendido en la ejecución pianística, responsable de infinidad de lesiones, dolores y molestias: la sobrepresión o *sobreempuje*, o sea, la presión excesiva sobre la tecla cuando ésta ha llegado a su punto más bajo.

POSTURA FRENTE AL PIANO

Por los conceptos desarrollados hasta este punto, debemos mencionar que la postura, la manera de sentarnos frente al instrumento, juega un rol vital en la realización de todos los movimientos imaginables en su mayor grado de eficiencia y rendimiento posible.

Si bien a esta sección la denominamos "De los dedos al cerebro", surge aquí que la correcta conexión o vinculación con el piano requiere un compromiso total de todo nuestro cuerpo. Aquí podríamos denominar esta descripción como "del cerebro a los pies".

Si bien la postura, altura y distancia suelen ser personales según preferencias de hábitos o gustos, hay ciertos principios que debemos contemplar si queremos desarrollar una técnica saludable y libre de dolores o lesiones.

1. Altura:

La mejor altura es la que nos permite tener los codos más o menos a la misma altura de las teclas, de manera de permitir la posición de uno de los arcos más importantes del sistema: el de antebrazo y mano con el punto superior en la muñeca.

Imagen 37

El arco de antebrazo y muñeca es clave, porque impide que el sistema ejerza presión excesiva sobre las teclas, como tiende a ocurrir cuando nos sentamos muy alto. El arco con la muñeca en el punto superior —o sea, la muñeca apenas elevada—, permite que sea la mano o los dedos los que consiguen vencer la resistencia ascendente inicial de las teclas para luego descenderlas (desarrollaremos más este concepto en la siguiente sección). La respuesta a esas "fuerzas ascendentes" para luego poder aplicar el toque conveniente para descender las teclas *es la única función objetiva real del peso*.

El peso no tiene ninguna otra función relevante que la de vencer la resistencia inicial de las teclas para permitir manifestar los toques, o sea, la aplicación de las distintas masas del sistema y distintas *velocidades y/o recorrido total* con las que descendemos las teclas.

De manera que si nos sentamos demasiado alto, será excesivo el peso que debe vencer la resistencia o fuerzas ascendentes en las teclas, con el consecuente peligro de presionar en exceso el teclado: toda fuerza ejercida sobre un objeto debe dirigirse hacia algún lado, y cuando la máquina del piano no puede absorber o recibir más la fuerza para accionar sus componentes, o sea, cuando la tecla ha llegado a su punto más bajo, cualquier fuerza o presión excesiva *vuelve al sistema fisiológico través de todos los puntos de articulación del brazo e inclusive hasta la espalda, generando contracturas o rigidez.*

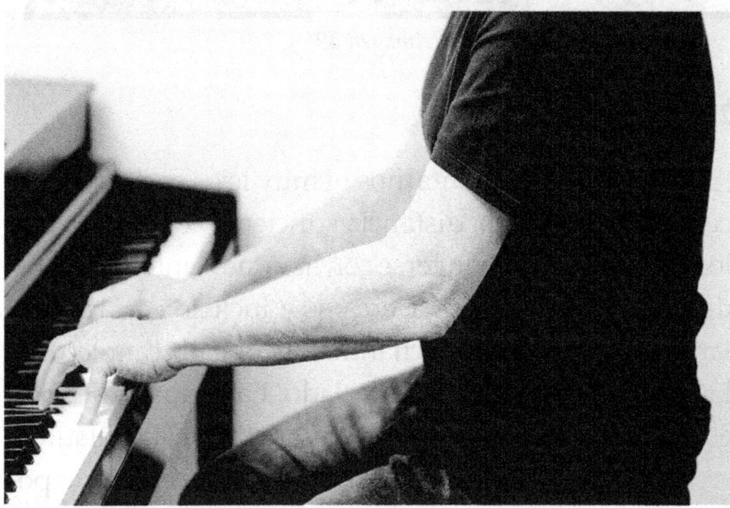

Imagen 38

Por lo contrario, si nos sentamos a muy baja altura, todo el sistema fisiológico tenderá a "colgarse" de las teclas, produciendo también presión excesiva, y se dificultará la geometría de la mano para alcanzar las teclas negras.

Imagen 39

2. Distancia:

No deberíamos sentarnos ni muy lejos ni demasiado cerca del piano: a la distancia suficiente como para que los brazos puedan moverse con libertad, tanto al alejarse del cuerpo como para acercarse e incluso cerrarse delante del cuerpo, como cuando hay que ubicar o cruzar las manos en el centro del teclado. La mejor indicación es sentarse de la mitad de la banqueta hacia adelante

La distancia más aconsejable es entonces la que posiciona los codos un poco por delante del cuerpo, de manera de poder realizar los movimientos con mayor facilidad y eficiencia.

3. Postura:

Con los pies siempre cerca o preparados para accionar los pedales, es aconsejable sentarse de manera que la parte superior del cuerpo encuentre el punto de equilibrio que nos permita estar largos períodos de tiempo sin trabajo excesivo en los músculos de la espalda (al sentarnos con la espalda encorvada) o de la zona abdominal (al sentarnos muy inclinados hacia atrás).

Es vital liberar todo lo que sea posible los músculos de la espalda de manera que realicen un mínimo trabajo para mantener la postura natural balanceada de la cintura hacia arriba: *en la espalda nacen los músculos que se vinculan a los que accionan los brazos*, de manera que cuanto menor sea el trabajo de los músculos de la espalda para mantener el torso en equilibrio, mayor será su rendimiento para los movimientos de los brazos.

Si bien en cualquier libro de anatomía o información en internet podemos corroborar la vinculación de los músculos de la espalda con los de los brazos, existe una sencilla confirmación que todos conocemos: todos los ejercicios que desarrollan los músculos de la espalda *consisten en mover los brazos*.

5.

Breve reseña histórica
de la técnica pianística

No es nuestra intención entrar en el extensísimo terreno de la historia de la técnica pianística, ya que existen varios escritos al respecto, como el maravilloso libro *Historia de la técnica pianística*, de Luca Chiantore, que quizás sea el trabajo más profundo y minucioso conocido sobre el tema. Aportamos algunas reflexiones para complementar nuestros conceptos.

El piano, como sucede con todos los instrumentos, fue evolucionando en función de la investigación y creatividad de los compositores. La búsqueda constante de nuevas sonoridades tímbricas, armónicas, rítmicas y colorísticas debe haber sido el impulso que generó el desarrollo de la técnica y construcción de los instrumentos.

La técnica pianística se ha venido desarrollando desde mediados de 1700 hasta la actualidad "de los dedos al cerebro": primero todo era toque de dedos, por la influencia de la manera de pulsar las teclas de los claves o clavicordios, en los que no era necesario involucrar ningún otro elemento del sistema.

Imagen 40: Réplica del piano Broadwood de Beethoven.

Tiempo después de la aparición de los primeros "clavicémbalos col piano e forte" de Cristófori, los instrumentistas y pedagogos, ante un instrumento parecido al clave que ofrecía por primera vez al ejecutante la posibilidad de obtener más graduaciones de intensidad, se dieron cuenta de que había que involucrar más masa. Esto llevó a la aplicación de un ataque más enérgico desde la muñeca: el toque de palma.

Parece no haber duda que el piano es un invento italiano, pero ya a mediados del siglo XVIII aparecieron artesanos fabricantes de *pianofortes*, primero en Alemania y Austria, y más tarde en Francia, Inglaterra y Estados Unidos. A fines del siglo XIX y comienzos del siglo XX aparecen las primeras y principales marcas en Japón, y luego la fabricación de pianos se extendió a otros países.

Al principio surgieron modelos de mecanismos experimentales, con los que los distintos fabricantes probaban nuevos diseños que permitieran satisfacer las demandas de obras cada vez más complejas o incluso salas de conciertos de cada vez mayor capacidad. No debemos olvidar que el piano fue el gran protagonista musical del siglo XIX, la era del *romanticismo*, el estilo musical que hasta ese momento fue el que le exigió al piano sus máximas posibilidades de potencia sonora y de mayor resistencia de los materiales.

Así nació por ejemplo uno de los pianos de mayor prestigio mundial, el Bösendorfer, creado por el artesano austríaco Ignaz Bösendorfer en 1828. Según los testimonios de época, el objetivo de Ignaz era construir un piano de cola que pudiera resistir el poderoso y formidable pianismo de Franz Liszt.

De manera que a medida que el piano fue aumentando sus capacidades sonoras, su rigidez estructural y la calidad de sus componentes, la técnica pianística continuó desarrollándose hasta incluir los restantes elementos del sistema: el antebrazo como masa de ataque y su rotación y luego todo el brazo.

Debemos mencionar algunos datos adicionales: los mecanismos de los pianos más antiguos, hasta alrededor de 1850, eran más livianos que los del piano moderno, e incluso la "calada" de la tecla, la distancia máxima de su recorrido, era menor a la del piano actual. La calada del piano moderno es aproximada a diez milímetros, mientras que aún hoy se conservan pianos antiguos de caladas de hasta la mitad. Esto nos da una idea no sólo de lo más simple que era tocar aquellos primeros instrumentos, sino también de la imperiosa necesidad de desarrollar la técnica pianística para poder ejecutar los potentes pianos modernos.

Así fue creciendo o avanzando la concepción de la técnica pianística desde el toque de dedos hasta involucrar al brazo, y ya desde fines del siglo XX se habla de la técnica como un fenómeno mental: de allí nuestra definición, "de los dedos al cerebro". Un proceso que fue desplegándose desde principios del siglo XVIII hasta la actualidad.

Desde ya que es necesario mencionar que este proceso de los dedos al cerebro ha estado vinculado al desarrollo y perfeccionamiento del piano: a mayor masa, mejor rendimiento en los pianos cada vez más potentes, con mayor caja acústica, más pesados, de mayor registro, y materiales más sofisticados y perfectos, como también la inclusión del pedal de resonancia, más tarde el pedal *una corda* —que muchos llaman con más propiedad *due corda*— y por último el pedal *sostenuto* o tonal entre otros innumerables avances.

Quizás la primera obra monumental compuesta para explotar todas las posibilidades sonoras del piano sea la famosa *Grosse Sonate fur das Hammerklavier*, es decir, *Gran Sonata para teclado de martillos*, Op. 106, compuesta por el genial Ludwig Van Beethoven en la cima de su madurez creativa. "La 29", o "la Hammerklavier", como se la conoce entre los concertistas clásicos, fue concebida como resultado de la construcción del piano más evolucionado y con mayores posibilidades hasta ese momento.

En 1817, el dueño de la firma inglesa *John Broadwood & Sons* le envió a Beethoven como regalo un espléndido piano, en el que se podía leer, grabada sobre un placa de metal, la inscripción latina: *"Hoc Instrumentum es Thomae Broadwood (Londini) donum propte Ingenium illustrissimi Beethoven"* ("Este instrumento es un regalo de *Thomas Broadwood* de Londres para el ilustrísimo Beethoven").

Al respecto, el compositor y escritor estadounidense *Jan Swafford* escribe: "Igual que en la década anterior su Érard le había ayudado a inspirarse para la *Waldstein* y la *Appassionata*, quizás el Broadwood, el piano más robusto en construcción y sonido que jamás había tenido, le ayudó a situarlo en la dirección correcta para escribir la sonata para piano más colosal de su vida." Fue entonces cuando el compositor alemán dijo: "Ahora ya sé cómo componer".

Queda clara entonces la profunda relación histórica entre el desarrollo de la técnica pianística y el avance tecnológico del piano.

Siguiendo la línea de evolución que había alcanzado su máximo nivel con "la Hammerklavier", los siguientes compositores románticos *como Schubert, Mendelssohn, Chopin, Schumann, Liszt, Brahms* o *Tchaikovsky* entre otros, y luego los del siglo XX como *Ravel, Debussy, Prokofiev* o *Rachmaninoff*, trabajaron a consciencia desde sus obras el desarrollo de la ampliación de la gama de sonoridades, impulsando tanto el desarrollo técnico corporal como el del mecanismo del piano.

De igual manera, así como fue necesario desarrollar la neurofisiología para acompañar el avance del piano moderno, los más grandes e inteligentes pianistas y pedagogos de la historia fueron conscientes también de la necesidad de entender el funcionamiento de la máquina del piano.

Ya en el final de esta primera sección, y a manera de transición hacia la siguiente sección en la que exploraremos la máquina del piano y cómo vincularse con ella para expandir nuestras posibilidades técnicas e interpretativas, entendemos que no pueden quedar dudas acerca de la importancia vital de ingresar en este, el otro mundo fascinante de la excelencia pianística.

Parte 2
Lo mecánico:
De los dedos a los martillos

6.

El "eslabón perdido" en la enseñanza del piano

Importancia de conocer el funcionamiento de la máquina

En la introducción de su libro "Elementos de Técnica Pianística", la profesora *María Rosa Oubiña de Castro*, discípula del gran *Vicente Scaramuzza*, explica como elemento fundamental de estudio para todo pianista el funcionamiento de la máquina del piano.

Es indudable que la profesora Oubiña de Castro cita a Scaramuzza: *"la máquina responde con sensibilidad al pianista que conoce su funcionamiento."*

A continuación, dedica el primer capítulo del libro a la descripción y función de cada uno de los componentes de la máquina.[6]

Es indudable que la importancia vital que ella le da al conocimiento de la máquina del piano refleja el

[6] Más allá de las críticas que muchos de sus colegas le han hecho a la Profesora Oubiña de Castro, ella fue la única entre tantos discípulos de Scaramuzza que al menos dejó escritas algunas de sus enseñanzas, si bien su propia subjetividad pudo filtrarse en sus escritos. En este sentido llaman la atención las contradicciones en los dichos de distintos discípulos y alumnos de Scaramuzza.

concepto que el Maestro Scaramuzza le inculcó. Vicente Scaramuzza había estudiado en Italia con un alumno de *Giovanni Sgambati*, uno de los más famosos discípulos del genial *Franz Liszt*. Según se desprende de testimonios de aquella época, Liszt utilizaba "trucos" que se relacionaban con ciertas características de la máquina del piano y su funcionamiento. Por ejemplo, en ciertos pasajes de "bravura", se sabe que, con mucho ingenio, Liszt accionaba el pedal de resonancia con el objeto de alivianar la máquina, ya que la varilla que acciona el pedal levanta todos los apagadores y el peso de los mismos no se manifiesta en las teclas.

Es imposible desarrollar técnicas "especiales para utilizar la máquina y relacionarla con los distintos aspectos de la técnica y la interpretación o ejecución si no se la conoce en profundidad.

En su excelente libro *The Visible And Invisible In Pianoforte Technique*, el pianista y pedagogo inglés *Tobias Matthay* relaciona los variados aspectos de toque y ejecución con el funcionamiento de la máquina. Más aún: en uno de los pasajes del libro, llega a resaltar el hecho de que *"contrariamente a la vieja noción de que el sonido hay que obtenerlo presionando en la base de la tecla, (hoy) sabemos que el martillo llega a la cuerda antes de que la tecla haya completado su recorrido descendente"* (págs. 165/166), dando a entender que este hecho mecánico fundamental, que por supuesto conocían los grandes maestros del pasado, había sido ignorado durante mucho tiempo.

Este dato vital del funcionamiento del conjunto de palancas y ejes que conforman la máquina del piano y cómo se relaciona la misma con la fisiología del pianista es sólo un ejemplo (aunque quizás el más importante) de los numerosos datos físicos que dicho conocimiento puede procurarle a un pianista.

Al conocer con la mayor profundidad posible qué sucede en el mecanismo del piano cuando se desciende una tecla, un pianista puede relacionarse mejor con el mismo, y lograr —como lo señala la profesora Oubiña de Castro—, que *"la máquina le responda con sensibilidad"*.

Sin embargo, la descripción detallada de la máquina del piano, su funcionamiento y su relación física con el sistema de palancas fisiológicas del pianista —dedos, palma, antebrazo, brazo superior y hasta la espalda o sus pies—, no suele ser parte de la currícula de conservatorios, institutos o academias, ni tampoco suele enseñarse en clases, tanto grupales como individuales.

De manera errónea se considera que la cuestión del funcionamiento correcto de la máquina es terreno exclusivo de los afinadores y técnicos. Por supuesto este no es un concepto equivocado: es *incompleto*.

Sin un conocimiento profundo de la máquina del piano y su funcionamiento, ninguna técnica pianística puede aplicarse ni aprovecharse en su totalidad, porque *es con la máquina que el pianista interactúa*.

Dicho de otra manera, la máquina es un "engranaje" componente y parte del sistema total, que comienza en el cuerpo del pianista (en realidad, en su cerebro) y se vuelve uno con él. Por lo tanto, si un pianista no conoce una parte de todo ese mecanismo completo con que el que colabora en forma física y total, ¿cómo puede interactuar de manera eficiente con él?

Para un cantante, el instrumento es su propio cuerpo; los instrumentistas de viento son parte de la fuente sonora, y los de cuerda y percusión están en contacto directo con la fuente sonora.

El piano no permite que el ejecutante esté ni siquiera en contacto cercano con la fuente sonora. Aquí el contacto es por completo indirecto y distante, y, peor aún, puede dificultarse y entorpecerse mucho si la máquina está fuera de regulación, cuestión sobre la que nada puede hacer un pianista cuando se encuentra minutos antes de un concierto con un instrumento descalibrado.

El pianista inglés *Harold Bauer* (1873-1951) que había comenzado su carrera como violinista —dato fundamental en relación a la cuestión de la expresividad y el sonido—, y que fue alumno de *Paderewski*, también fundamenta la importancia de conocer el funcionamiento de la máquina del piano:

"El problema frecuente es que los pianistas y profesores no suelen comprender su instrumento. Sí lo comprenden los cantantes, los violinistas, flautistas o percusionistas, pero no los pianistas. Como lo único que deben hacer los pianistas es descender las teclas que se encuentran debajo de los dedos, no se preocupan por lo que sucede más allá. Para superar esta dificultad, me hice fabricar una maqueta de una tecla con su mecanismo completo para mostrarles a todos aquellos que

estudian conmigo que puedo accionar la tecla de distintas maneras, y los resultados serán siempre distintos. Es necesario que un pianista observe lo que sucede dentro de su instrumento, que aprenda todo lo relativo a su construcción y sepa qué sucede en el mecanismo cuando baja una tecla."[7]

Esta cita de *Harold Bauer* no es casual: es intencional en este contexto, porque teniendo en cuenta que fue alumno de Paderewski a los diecinueve años, es evidente que ya en 1892 tenía muy clara la importancia de conocer la máquina del piano. Y es lógico pensar que esto se lo inculcó el mencionado maestro.

Es muy probable que esta cita date de fines del siglo XIX o principios del siglo XX, o sea que hace más de cien años que muchos de los grandes pianistas y pedagogos ya insistían sobre esta cuestión, y aun así este ha sido un dato ignorado por completo en la enseñanza del piano en todo el mundo.[8]

Es evidente entonces la imperiosa necesidad de que un pianista conozca la máquina del piano, sepa cómo funcionan sus componentes y pueda en

---

[7] Puede encontrarse la interesante entrevista a Harold Bauer, otro de los tantos pianistas brillantes e inteligentes relegados al olvido, en: *www.gutenberg.org/files/15604/15604-h/15604-h.htm#XIII_HAROLD_BAUER.* (*N de los A.*)

[8] Parte de la bibliografía sobre el piano tampoco está exenta de este vacío, como sucede con "Historia del Piano", de Piero Rattalino (Editorial Labor, 1988). En ninguna de sus trescientas páginas se incluye ni siquiera un gráfico del mecanismo del piano, los nombres de sus partes más importantes o una descripción del funcionamiento de la máquina. Y en la página 122 desaparece toda esperanza cuando el autor escribe que "no es posible explicar el funcionamiento del doble escape". (*N de los A.*)

consecuencia"hacerla funcionar para provecho no sólo de su propia técnica, sino también para desarrollar y perfeccionar aquellos aspectos de la fisiología que, al tener en cuenta la física del mecanismo del teclado, puedan estar libres de lesiones, molestias o dolores musculares.

Además puede ahorrarle tiempo y trabajo al técnico, al comunicarle con mayor precisión a qué regulaciones se debe dar prioridad al calibrar un piano antes de un concierto. Y aún en el caso de que el técnico no esté disponible —lo que ocurre con frecuencia—, un pianista con un conocimiento completo de la máquina puede ajustar la fisiología de su técnica para "acomodarla", dentro de lo posible, al estado de regulación del piano con el que se encuentra en una sala de conciertos.

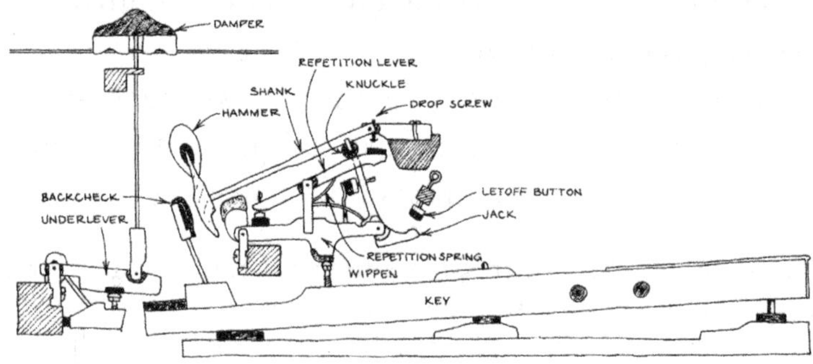

Gráfico 1:Funcionamiento del mecanismo, piano de cola[9]

[9] Hemos preferido incluir un gráfico con los términos en inglés dada la alta posibilidad de investigar sobre el mecanismo del piano en internet, ya que es mucho más frecuente encontrar material en inglés. (*N. de los A.*)

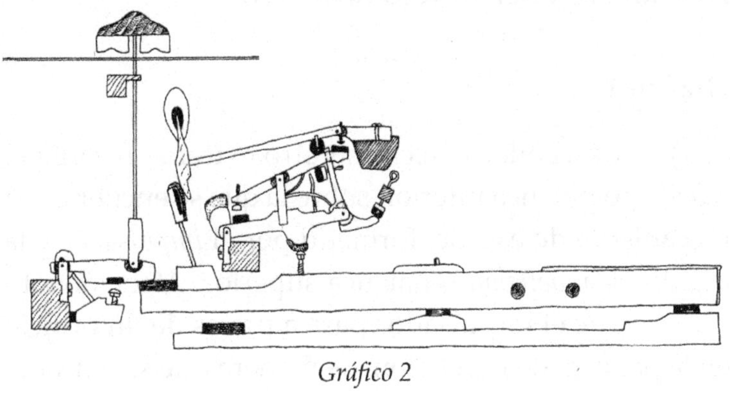

Gráfico 2

Referencias

Backcheck: atrape.

Damper: apagador.

Drop screw: botón de regulación de la caída.

Hammer: martillo.

Jack: impulsador.

Key: tecla.

Knuckle: nodo, rodillo o nudillo.

Letoff button: pilotín o botón regulador del escape.

Repetition lever: barra o palanca de repetición.

Repetition spring: resorte de la repetición.

Shank: mango del martillo.

Underlever: palanca del apagador.

Wippen: báscula, caballete o palanca inferior.

Descripción del funcionamiento

Gráfico 1

1) Al descender la tecla, su otro extremo levanta el *caballete* o palanca inferior, sobre la que se encuentra el mecanismo de escape, formado por el *impulsador* y la *palanca de repetición* o palanca superior. Atención: obsérvese que el impulsador pasa a través de un orificio en la palanca de repetición, de manera que su extremo superior se ubica debajo del *nodo*, pero *sin estar en contacto con él*. La palanca de repetición y el impulsador empujan el *nodo* instalado en el extremo del *mango del martillo,* enviando el martillo hacia las cuerdas.

2) Cuando el martillo ha recorrido entre un tercio y la mitad de su recorrido hacia las cuerdas, el extremo posterior de la tecla entra en contacto con la *palanca del apagador,* separando el *apagador* de las cuerdas. De esta manera las cuerdas pueden vibrar cuando el martillo las impacte.

3) Cuando el martillo se encuentra a unos tres (3) milímetros de las cuerdas, el "pie" del impulsador hace tope contra el *pilotín regulador del escape,* de manera que el extremo superior del impulsador se desliza hacia atrás por debajo del nodo. En forma simultánea, el extremo superior de la palanca de repetición choca contra el *tornillo de regulación de la caída,* cuya función primaria es impedir que la palanca de repetición siga elevándose. Este es el momento del "escape". Sin la posibilidad

del escape, el martillo quedaría atrapado contra las cuerdas, lo que no sólo impediría su vibración, sino que además haría que varios de los componentes del mecanismo se quiebren.

Gráfico 2

4) Con el impulsador y la palanca de repetición separados del martillo, éste continúa su recorrido hacia las cuerdas por propia inercia, impacta contra ellas y rebota hacia abajo, ya que a la caída por la fuerza de gravedad se suma el impulso por la reacción de la cuerda. El nodo cae sobre la palanca de repetición y la empuja hacia abajo comprimiendo el *resorte de repetición.* En ese preciso momento, la cola del martillo es frenada por el *atrape.* La función del atrape es impedir que el resorte de repetición, comprimido por el rebote del martillo, vuelva a impulsar al martillo contra las cuerdas.

5) Cuando se permite a la tecla ascender apenas una fracción de milímetro la cola del martillo se libera del atrape. Esto permite que el resorte de repetición impulse la palanca de repetición hacia arriba, de manera de que ésta pueda empujar el nodo hacia las cuerdas. Sin embargo, el martillo no llega a impactar contra las cuerdas otra vez es porque el tornillo de regulación de la caída aún limita el recorrido ascendente de la palanca de repetición. Lo que sí sucede cuando el martillo se eleva una pequeña distancia es que el impulsador, merced a la compresión del otro extremo del resorte de repetición, encuentra lugar para posicionarse debajo

del nodo, listo para volver a impulsar al martillo aun cuando la tecla no ha vuelto a su posición superior.

6) Al soltar la tecla, todos los componentes vuelven a su posición de descanso. El extremo posterior de la tecla permite que la palanca del apagador descienda, frenando la vibración de las cuerdas. El *mango del martillo* vuelve a su posición de descanso, *sin quedar apoyado* sobre la barra de descanso que se aprecia sobre el extremo izquierdo del caballete.

7.
Descripción del mecanismo, piano vertical

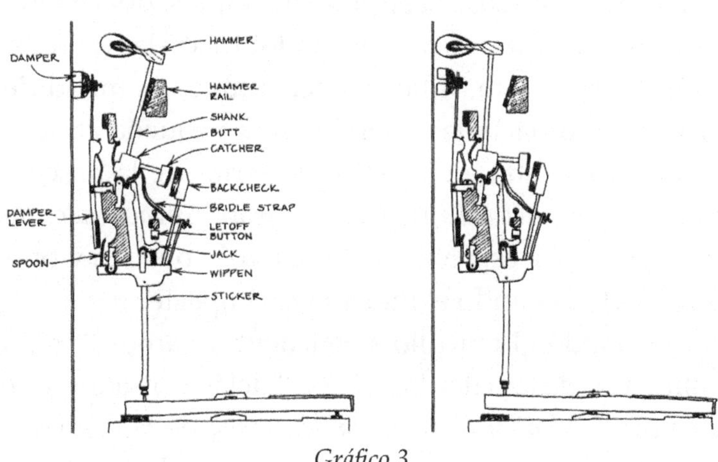

Gráfico 3

Backcheck: atrape.

Bridle strap: Brida.

Butt: nuez.

Catcher: contra atrape.

Damper lever: palanca del apagador.

Damper: apagador.

Hammer rail: barra de descanso.

Hammer: martillo.

Jack: impulsador.

Letoff button: pilotín o botón regulador del escape.
Shank: mango del martillo.
Spoon: cuchara.
Sticker: varilla (une el mecanismo con la tecla).
Wippen: báscula.

Descripción del funcionamiento

1) Al descender la tecla se levanta la *báscula*, a la que se encuentra unido el *impulsador*. El impulsador eleva la *nuez* en la base del *martillo*, llevándolo hacia las cuerdas.

2) Cuando el martillo se encuentra en la mitad de su recorrido hacia las cuerdas, una pequeña *cuchara* de metal ubicada en la parte posterior de la báscula empuja la *palanca del apagador*, separando el *apagador* de las cuerdas. De esta manera las cuerdas pueden vibrar con libertad cuando el martillo las impacte.

3) Cuando el martillo se encuentra a unos tres (3) milímetros de las cuerdas, el "pie" del impulsador hace tope contra el *pilotín regulador del escape*, de manera que el extremo superior del impulsador se desliza hacia atrás de la nuez, alejándose de ella. Este es el momento del "escape". Sin la posibilidad del escape, el martillo quedaría atrapado contra las cuerdas, lo que no sólo impediría su vibración, sino que además haría que varios de los componentes del mecanismo se quiebren.

4) Con el impulsador separado del martillo, éste continúa su recorrido hacia las cuerdas por propia inercia, impacta contra ellas y rebota hacia atrás ayudado por la

brida elástica. En ese preciso momento, el *contra atrape* es frenado por el *atrape*.

5) Al soltar la tecla, todos los componentes comienzan a volver a su posición inicial. La cuchara se separa de la palanca del apagador, permitiéndole frenar la vibración de las cuerdas. El *mango del martillo* vuelve a su posición de descanso sobre la *barra de descanso*. El resorte ubicado debajo del "pie" del impulsador permite que éste se coloque debajo de la nuez del martillo, y así el mecanismo está listo para el siguiente impulso.

8.

Objetivos relevantes de
la máquina del piano

Entre los muchos objetivos de la máquina en su relación con el "engranaje" total que incluye la fisiología del pianista, se pueden mencionar los siguientes:

a) Facilitar y *potenciar* los cinco géneros de toque: dedos, palma, rotación de antebrazo, ataque de antebrazo y brazo superior (húmero).

b) Siempre que se obtenga sonido, lograr que el martillo percuta la cuerda *antes* de que la tecla llegue a su posición inferior, o *sin que llegue a su punto inferior*, según el impulso que se le dé a la tecla (recordemos que cuando se desciende la tecla con poca velocidad, el impulso no es el suficiente para que el martillo llegue a la cuerda).[10]

[10] ¿Cuál es, en realidad, el "punto más bajo de la tecla"? Al llegar al final de su recorrido, la tecla se apoya en una arandela de fieltro de unos 4 milímetros de espesor. Si se ejerce cierta presión sobre la tecla, la arandela cederá ante dicha presión y la tecla continuará bajando. Como consecuencia de este fenómeno fácilmente comprobable, se abren dudas sobre todos los estudios y observaciones que con gráficos, cálculos físicos y ecuaciones matemáticas relacionan el momento del impacto del martillo en la cuerda

c) Aumentar o multiplicar el recorrido de la tecla. En la velocidad mínima de descenso (para obtener el mínimo *pianissimo*), ésta recorre unos ocho a nueve milímetros promedio de su recorrido total hasta el punto de impacto del martillo en la cuerda, pero la distancia correcta entre ambos con el mecanismo en "descanso" es de cuarenta y cinco milímetros más o menos, según la marca y modelo del piano y también según el desgaste de los componentes. De manera que la máquina multiplica el recorrido de la tecla *como mínimo* más de cinco veces. Esta multiplicación suele ser mayor, ya que cuando aumenta la velocidad del descenso de la tecla, aumenta el impulso sobre el martillo, con lo que éste recorrerá la distancia hasta las cuerdas en menos tiempo y el punto de impacto puede llegar a producirse mucho antes, cuando la tecla haya recorrido muy poca distancia.

El factor principal de esta multiplicación es la ubicación del nodo en el mango del martillo en relación al fieltro que impacta en las cuerdas: el nodo se encuentra apoyado sobre la palanca de repetición casi en el extremo opuesto del fieltro, a más de quince centímetros de él. Cuando la palanca de repetición y el impulsador empujan el nodo apenas unos milímetros, se multiplica la distancia ascendente recorrida por el fieltro.

con la llegada de la tecla a su posición inferior. Si dicha posición es difícil de definir en virtud de la flexibilidad de la arandela de fieltro —y de las arandelas de cartón que se encuentran debajo de ella—, volvemos a la pregunta: ¿cuál es en realidad el "punto más bajo de la tecla"? (*N. de los A.*)

d) Así como la máquina multiplica el recorrido de la tecla, también reduce la energía que hay que manifestar sobre ésta para accionar el mecanismo en relación a la energía que habría que aplicar sobre los martillos o los caballetes si hubiera que impulsarlos desde abajo.

Esta reducción sobre el borde de las teclas es posible gracias a la ley física universal de las palancas. Una tecla es una palanca: a mayor distancia entre el punto de apoyo y el extremo donde se aplica la fuerza descendente para levantar una masa apoyada en el extremo opuesto, menor es la fuerza a aplicar.

El "peso estático" o resistencia *promedio* de una tecla según la zona del teclado o según las marcas y modelos es de alrededor de cincuenta gramos, lo que permite controlar las infinitas gamas de velocidad y aceleración.

Cuanto mayor es el "peso estático", más eficiente podrá ser el control de los rangos dinámicos, pero debe haber un límite para este peso, más allá del cual se fatigarían los músculos. Por otro lado, un peso insuficiente dificultaría el control de la velocidad por su casi nula resistencia, como sucede con los teclados digitales o electrónicos "sin peso".

En el momento de descender una tecla, su propia masa y el mecanismo apoyado sobre ella (caballete y martillo) generan una reacción opuesta ascendente sobre el sistema de dedos, palma, antebrazo y brazo superior: es esta fuerza ascendente la que debe ser controlada y contrarrestada por el peso que en forma inevitable e involuntaria el pianista aplica sobre la tecla en el inicio, para que pueda manifestarse la energía del toque, que se traduce en velocidad y aceleración en el descenso de la tecla hasta el punto deseado y se transmite al martillo a través de la máquina.

Es imposible exagerar la importancia del concepto mencionado en el párrafo anterior: en él se resumen y convergen todos los conceptos y principios *fisiomecánicos* de la técnica pianística: velocidad (con su componente de aceleración), y recorrido de la tecla.

Además se aclara así la verdadera función del peso: contrarrestar la resistencia inicial de la tecla, que se expresa como una fuerza ascendente que no sólo varía según sea la zona de la tecla que presiona el dedo, sino que además se manifiesta al comienzo del descenso. La aceleración del toque, la inercia y la energía cinética resultante, neutralizan la resistencia de las teclas. Por eso es que Vicente Scaramuzza se refería a la reducción del peso compensada por la velocidad de la tecla.

e) Impulsar el martillo de manera que recorra los últimos milímetros separado del caballete, a partir del momento del "escape". Esto también depende de una correcta regulación, ya que sin este objetivo tampoco sería posible la doble repetición —o "doble escape" — en el piano de cola. Gracias a la doble repetición se puede repetir una nota sin que la tecla vuelva a su posición superior de descanso, lo que *también* depende de una correcta calibración.

Es importante volver a recordar en este momento que el martillo no es parte "solidaria" del mecanismo, ya que está *apoyado sobre la palanca de repetición*. Si no fuera así, no podría separarse de ella, de manera análoga a lo que sucede con el objeto disparado por una catapulta. A partir del momento en que el martillo se separa de la palanca de repetición, el pianista no tiene ningún control sobre él ni sobre el sonido resultante, que ya se ha decidido antes de dicha separación.

La tecla podrá seguir descendiendo una fracción más hacia su punto más bajo —y luego del impacto del martillo en las cuerdas—, pero este trayecto "ciego" es irrelevante: el martillo, en su brevísimo ascenso inercial hacia las cuerdas separado del mecanismo, ya lleva consigo la información de intensidad y calidad tímbrica del sonido en virtud de su velocidad y aceleración, y una vez producido éste nada puede hacerse para modificarlo.

Este fenómeno, que puede ser difícil de comprender y aceptar pero es fácil de comprobar, observando y analizando el funcionamiento de la máquina, es el que ha sido en gran medida ignorado y el que ha confundido a muchos estudiantes, pianistas y docentes, entorpeciendo o dificultando el desarrollo y perfeccionamiento de su técnica.

Un párrafo aparte merece la mención de una característica del mecanismo del piano que rara vez se menciona: la casi absoluta ausencia de ruidos de su funcionamiento. En los pianos antiguos —casi con seguridad ya existentes en los primeros modelos de Cristófori—, la máquina era en exceso ruidosa, a tal punto que hubo autores que le atribuyeron a esta desventaja la poca aceptación inicial del "pianoforte".

En el piano moderno los ruidos se han reducido de forma notable, en virtud de los materiales que se utilizan y el diseño de sus partes.

9.

Comprobación y feedback del estado de regulación de la máquina

Algunas comprobaciones importantes

1) *Altura correcta y pareja de las teclas.* Si este ajuste no es el correcto, se dificulta la respuesta de distintas notas ante el mismo toque y no se podrá controlar la igualdad del sonido de una nota a otra. Además se modifica la "calada", con las desventajas que esto ocasiona (ver punto 10).

2) *Distancia o "carrera" entre los martillos y las cuerdas.* Como se mencionó antes, esta distancia es de cuarenta y cinco milímetros en promedio. Si la distancia entre los martillos en descanso y las cuerdas no es pareja, no se podrá controlar la dinámica y el toque será desparejo, ya que los martillos no tardarán lo mismo en llegar a las cuerdas cuando se bajan las teclas a una misma o similar velocidad.

Las calibraciones mencionadas en estos dos puntos son cruciales en la ejecución de acordes o incluso notas dobles, en los que todas las notas deben responder en forma pareja.

3) *Velocidad mínima de producción del sonido*. A partir de una determinada velocidad de descenso de la tecla, el martillo comienza a recibir el impulso necesario para escapar y llegar a la cuerda. Es imperativo que un pianista perciba cuál es esta velocidad mínima con la que podrá controlar el rango dinámico más completo posible a partir de allí. Desafortunadamente, esta velocidad mínima no es la misma en todos los pianos, por obvias y lógicas razones de construcción de la máquina —aun cuando en la fábrica se regula el peso de cada tecla para que sea lo más balanceado posible—. Además esta velocidad *tampoco es la misma a lo largo del teclado de un mismo piano*, pues el peso de las teclas se hace más liviano hacia el registro agudo en virtud del tamaño menor de los martillos (un *pianissimo* en el registro grave requerirá mayor velocidad en el descenso de la tecla que en el agudo).

4) *Tensión del resorte de repetición* (mencionado antes, en el ejemplo). Al atacar una nota con cierto impulso —una vez más, *con cierta velocidad*—, el martillo rebota con energía, es frenado por el "atrape" y queda fijo a una distancia determinada de las cuerdas —alrededor de quince milímetros—. En ese momento, *si se permite a la tecla ascender más o menos un milímetro*, el martillo debe subir a una cierta velocidad hasta quedar apenas a pocos milímetros de las cuerdas. Esta respuesta del martillo se debe a que al liberarlo del atrape cuando se asciende la tecla, la palanca de repetición y el martillo son empujados hacia arriba por el mencionado resorte.

Si la tensión del resorte no es suficiente, el martillo no llegará a la distancia correcta o no se moverá, entorpeciendo su respuesta en velocidad. Por otra parte, si el resorte tiene demasiada tensión, el movimiento ascendente del martillo será muy violento y se sentirá en la tecla como un "golpe", lo que suele resultar muy incómodo y molesto. En casos extremos el martillo puede llegar a percutir las cuerdas otra vez.

5) *Atrapes*. El "atrape" es la pieza que frena o *atrapa* al martillo cuando éste rebota luego de impactar contra las cuerdas. El atrape se produce a partir de una determinada velocidad de ataque: en el *pianissimo*, el atrape no actúa porque en ese caso es imperativo que el martillo permanezca cerca de las cuerdas, lo que a su vez depende de la regulación de la tensión del resorte de repetición y del "escape" y "caída" del martillo. Sin los atrapes, o cuando éstos no están regulados, en las dinámicas más elevadas el martillo golpearía con violencia contra la palanca de repetición, produciendo un golpe en la tecla similar al mencionado en el punto anterior.

Para que los atrapes actúen con suavidad pero con firmeza, deben estar regulados a un ángulo muy preciso en relación a la base de los martillos. Si este ángulo es muy cerrado, los atrapes fallarán en su función, y si es demasiado abierto, la base de madera de los martillos golpeará la cobertura de cuero de los atrapes. Esto producirá, una vez más, un golpe molesto que por supuesto se sentirá también en las teclas, además de desgastar el cuero de forma prematura.

No sólo es importante el ángulo del atrape en relación al alma del martillo: los atrapes deben estar además a una distancia determinada de los martillos, ya que si no fuera así y los atrapes estuvieran "cerrados", a menor distancia de la normal, los martillos podrían rozarlos al ascender hacia las cuerdas, entorpeciendo la ejecución y el correcto funcionamiento de la máquina.

El *atrape* es una pieza fundamental de la máquina, y ya estaba incluida en el concepto original que Cristófori había diseñado a principios del siglo XVIII. Para dar una idea de la importancia de este elemento, cabe mencionar que muchos de los diseñadores —en su mayoría alemanes y austríacos—, que construyeron sus primeros "pianofortes" a partir del diseño original de Cristófori, eliminaron el atrape o cambiaron su ubicación para simplificar el diseño de la máquina.

Esto originó una serie de dificultades en los diseños. Hubo incluso un modelo del llamado "mecanismo francés" —patentado por Jean-Henri Pape en 1839—, en el que los martillos atacaban las cuerdas *desde arriba*, desaprovechando la fuerza de gravedad en su función más importante: hacer regresar los componentes a sus posiciones iniciales.

Ningún diseño pudo jamás superar al creado y desarrollado por Cristófori, por eso después de algunos años de experimentos más o menos fallidos, se volvió al diseño original concebido por el genial artesano italiano, incluyendo los atrapes detrás de los martillos. De hecho, la máquina del piano moderno es, en realidad, una versión perfeccionada del mecanismo de Cristófori, gracias a los diseños del artesano inglés John Broadwood, con excepción del sistema de "doble repetición", patentado en Francia en 1823 por Sebastian Erard quien en realidad era alemán de origen, ya que su apellido original era Erhardt.[11]

6) *Ubicación del "escape" en el descenso de la tecla*. Cuando en un piano de cola se desciende una tecla, sin producir sonido, antes del punto más bajo se percibe una pequeña resistencia adicional, que marca el momento en que comienza a actuar el escape. En dicha posición durante la ejecución, la palanca de repetición detiene su ascenso al hacer tope contra el pilotín de regulación de la caída y el martillo continúa su recorrido, separado de la palanca y del impulsador (de ahí el nombre "escape", o *"let-off"* en inglés).

En relación a esta resistencia en la tecla, se mencionan dos hechos relevantes: en primer lugar, en la mayoría de las descripciones que pueden consultarse en todo tipo de libros y publicaciones, se explica que esta resistencia se debe al hecho de que la palanca de repetición y el "pie" del impulsador son retenidos por sus respectivos tornillos o "pilotines" de ajuste. En realidad el *componente principal* de esta resistencia es el momento en el que el impulsador asciende de su posición, entra en contacto con el nodo del martillo y fricciona contra él.

---

[11] Ignaz Pleyel tampoco era francés: había nacido en Viena, Austria, en 1757. (*N. de los A.*)

Esto nos lleva al segundo hecho, comprobable, que tampoco se menciona en textos técnicos o incluso en la enseñanza del instrumento: a medida que se incrementa la velocidad sobre la tecla, la resistencia se hace cada vez menor, *hasta que desaparece por completo.*

Este fenómeno es normal, porque cuando el impulso sobre la tecla es suficiente para producir el sonido, el martillo se separa de la palanca de repetición antes de llegar a las cuerdas —el "escape"—, y es en ese momento que el impulsador asciende a través del orificio de la palanca, sin friccionar contra el nodo del martillo.

La ubicación de ese punto en la tecla en el que se siente la mencionada resistencia le da al pianista una idea del estado de regulación de varias funciones y componentes de la máquina: la alineación de los impulsadores, la calibración del "escape" y "caída" y también la altura de la palanca de repetición.

Cuanto más parejo sea ese punto a lo largo del teclado y cuanto más parecido sea el grado de resistencia de una tecla a otra —con la gradual disminución de peso hacia el registro agudo—, mejor estarán calibrados los ajustes mencionados.

La verificación de los ajustes desde las teclas, si bien no es tan exacto, le brinda al pianista una idea bastante aproximada del estado de regulación. El "escape" y la "caída" se pueden verificar con facilidad, observando el comportamiento de los martillos con la máquina instalada en el piano.

Si los impulsadores están desplazados del nodo hacia atrás —hacia la cola del piano o "atrasados"—, éstos producirán una excesiva fricción sobre el cuero del nodo: esto obstaculiza el toque y desgasta de manera prematura al nodo, imposibilitando la acción normal del impulsador y su posterior ajuste.

Si los impulsadores están desplazados hacia adelante —"adelantados"—, no llegarán a impulsar los nodos con toda la energía generada en la tecla, dificultando así las dinámicas elevadas. En casos extremos llegarán a escapar del nodo y fallarán en su función.

La altura de la palanca de repetición es también fundamental. Si el nodo está en buen estado, el impulsador no debe asomar a través del orificio de la palanca: debe estar a una distancia muy pequeña de su borde, no más de una a dos décimas de milímetro (con el mecanismo en descanso).[12]

7) *Repetición.* La eficiencia del mecanismo en relación a la repetición de una misma nota se comprueba verificando cuántas veces puede articularse por segundo. De seis a ocho veces es una velocidad normal como para considerar que el mecanismo de repetición actúa y se puede confiar en él.

Una vez más, una manera de compensar un sistema de repetición ineficiente o lento —o incluso de hacer accionar más rápido un mecanismo normal—, es producir el sonido descendiendo la tecla la mínima dis-

---

[12] De manera que al comienzo del movimiento ascendente, es sólo la palanca de repetición la que empuja al martillo. (*N. de los A.*)

tancia posible. Un pianista que conozca cómo funciona la máquina puede registrar sin dificultad cuál es esa distancia en cada piano en el que debe tocar, y recurrir a ella cuando sea necesario.

Este "registro" o "mapa" mental se puede obtener probando el mínimo descenso posible de la tecla a distintas velocidades con el que ya se produzca el sonido, hasta encontrar el punto ideal.

8) *Barra de descanso de los martillos*. Debajo y muy cerca de los mangos de los martillos, hay una varilla protegida por un fieltro, cuya función es amortiguar el golpe descendente del martillo luego de impactar en las cuerdas a altas velocidades. En ciertas marcas de pianos, esta función la cumple una pieza individual para cada martillo ubicada sobre el extremo correspondiente del caballete, detrás de la palanca de repetición.

De forma contraria a lo que muchos creen —como también puede observarse en algunos gráficos que describen el mecanismo del piano de cola con algunos errores—, en la posición de descanso *los martillos no deben estar apoyados sobre la barra de descanso*. Debe haber una "luz" aproximada de tres a cinco milímetros.

Si se observara que los martillos se encuentran apoyados sobre la barra, es evidente que esta calibración no se ha tenido en cuenta o se ha hecho mal. En este caso, los mangos de los martillos impactarán *siempre* contra la barra, aún a velocidades mínimas, produciendo un golpe característico y molesto.

9) *Escape y caída de los martillos.* Esta es una de las comprobaciones más sencillas, pero no menor en importancia. El "escape" del martillo se comprueba midiendo la distancia de éste a las cuerdas a la que debe frenarse su ascenso al pulsar las teclas, sin que se produzca sonido. La "caída" es la distancia a la que deben descender los martillos luego del escape.

El escape debe estar regulado entre uno y dos milímetros y la caída otro tanto, según el sector. La distancia mayor corresponde al registro grave, en el que las bordonas podrían llegar a rozar en los fieltros de los martillos en virtud de su mayor amplitud de vibración y su mayor diámetro. Un escape y/o caída fuera de calibración dificulta el control de las dinámicas y entorpece la repetición a grandes velocidades.

10) *Calada.* Se denomina así a la distancia total que las teclas deben recorrer hasta su posición más baja. En promedio, la calada suele calibrarse entre nueve y medio y algo más de diez milímetros.

Recordemos que el punto de impacto se produce *antes* de que la tecla recorra la distancia total de la calada incluyendo en la "calada total" el pequeño recorrido extra de la tecla al ejercer presión sobre la arandela de fieltro, y que dicho punto de impacto se adelanta cada vez más según se incrementa la velocidad del descenso de la tecla.

Por lo tanto, si la calada es insuficiente —como en el caso de ciertos pianos modificados para que la máquina responda de otra manera—, el mecanismo no tendrá tiempo suficiente de multiplicar el recorrido de la tecla, de modo que el impulso del martillo será insuficiente y fallarán las dinámicas altas.

La causa habitual de una calada insuficiente es cuando se han colocado demasiadas arandelas de cartón o papel debajo de la arandela de fieltro ubicada en la base de las teclas, o incluso una segunda arandela de fieltro para compensar el desgaste de la arandela original, o para modificar el piano, como se mencionó en el párrafo anterior.

Por otro lado, cuando la calada es mayor a la normal, si la máquina está calibrada el punto de impacto no se modificará en relación a la distancia recorrida por la tecla; pero si la calada excesiva se debe al desgaste de la arandela de fieltro —que al compactarse por el uso no amortigua la llegada de la tecla a su punto inferior—, puede producir agotamiento en los músculos o sensación de incomodidad por la brusquedad del impacto.

11) *Martillos*. Una simple inspección visual puede darnos una idea del estado del fieltro de los martillos, que no deberían tener su forma redondeada demasiado desgastada, en la zona de impacto, donde pueden observarse los surcos causados por el contacto con las cuerdas. Un fieltro demasiado desgastado modifica además las medidas del mecanismo.

Cuánto más plana es la superficie en esta zona, mayor será el desgaste y endurecimiento del fieltro por efecto de compactación. Aquí nada puede hacer tampoco un pianista si se encuentra con este problema antes de un concierto: la entonación y lijado de los martillos es una operación de una delicadeza y precisión extremas, y debe ser hecha por un técnico especialista.

12) *Pedal de resonancia y apagadores*. Al accionar el pedal de resonancia —el pedal de la derecha— bien regulado, deben producirse tres situaciones:

a) Al inicio del descenso del pedal, debe haber un juego "libre" de unos pocos milímetros antes de que los apagadores comiencen a elevarse de las cuerdas. Gracias a este juego libre se puede manifestar sobre las cuerdas todo el peso del sistema de apagadores, y el pianista puede tener una mayor seguridad de que éstos actuarán con toda la eficiencia posible cuando deben frenar la vibración de las cuerdas. Este juego libre también ayuda al pianista a graduar más el accionamiento inicial del pedal.

b) Todos los apagadores deben elevarse de manera uniforme, lo que depende también de su regulación. Si todos los apagadores no se elevan al mismo tiempo, tampoco descenderán al mismo tiempo, entorpeciendo la interpretación y los efectos de "medio" pedal.

c) Los apagadores deben estar separados de las cuerdas *antes de que el pedal llegue a su punto más bajo*. De esta manera el accionar del pedal es mucho más rápido y eficiente.

El correcto accionar de un apagador suele depender de calibraciones que deben realizarse detrás de la máquina una vez retirada la misma, y un intento de "empujar" o girar un apagador para mejorar su función suele empeorar la situación.[13]

13) *Pedal de sordina o "una corda"*. En el piano de cola, este pedal desplaza toda la máquina hacia la derecha, de manera que cambia la forma en que los martillos percuten las cuerdas, el espectro de armónicos y por lo tanto el timbre resultante, además de disminuir la *intensidad o volumen*. En el sector de una sola bordona los martillos percuten en la zona del fieltro más acolchada; donde hay bordonas dobles los martillos percuten una sola, y en el resto del piano, donde hay tres cuerdas de acero, también llamadas "planas" —por la diferencia notoria de diámetro con las bordonas—, percuten solo dos martillos.

El nombre "una corda" ha quedado desde la época en que los pianos aún no tenían tres cuerdas a partir de las bordonas a cuerdas planas, y en ese caso sí, los martillos percutían sólo una cuerda. Cabe mencionar también que en algunos casos, en pianos muy antiguos, el pedal desplazaba el teclado hacia la izquierda, no hacia la derecha.

[13] Es interesante ver el video en el que aparece Claudio Arrau observando los apagadores para controlar el efecto de ligado sin pedal que pide Beethoven al comienzo de la *sonata Waldstein*. Tanto en la exposición del primer movimiento (entre 0:44 y 0:55) como en la re-exposición (entre 3:15 y 3:20), Arrau observa los apagadores, controlando que no lleguen a frenar las cuerdas. Es lícito interpretar el video de esta manera, porque en ningún otro momento Arrau repite este gesto. En 1:01 y en 3:30 la inteligente dirección de cámaras permite apreciar cómo Arrau utiliza el mecanismo de doble repetición, volviendo a descender las teclas antes de su posición más alta. Ver el video en el siguiente enlace: *https://www.youtube.com/watch?v=dL0JLNt_3EE*.

14) *Vibraciones, zumbidos y ruidos*. Durante las explicaciones y descripciones mencionadas antes, se hizo referencia a distintas calibraciones que, si no son correctas, pueden generar ruidos o golpes dentro de la máquina.

Es necesario que en la medida de lo posible, puedan eliminarse o atenuarse todo tipo de ruidos y zumbidos originados en distintos lugares de la caja del piano, por la sencilla razón de que tienden a amplificarse por acción de las propiedades acústicas de la madera, en especial la tabla de resonancia, sobre la que suelen caerse clips, pedazos de cuerda, papeles o incluso lápices.

Implicancias del funcionamiento de la máquina en la técnica pianística

Recordemos otra vez: nunca es *necesario* llegar con la tecla a su punto más bajo. Esto es cierto incluso para el *tenuto*, porque los apagadores frenan la vibración de las cuerdas *mucho después de que la tecla comenzara su recorrido ascendente*. Es cierto que el *tenuto* es desde lo anatómico más cómodo con la tecla apoyada en la arandela de fieltro, pero es importante tener en cuenta que esta posición ni siquiera es necesaria para permitir que las cuerdas continúen vibrando.

En los pasajes "virtuosísticos", en el sentido de la agilidad y velocidad —es decir, "velocidad" referida al tiempo transcurrido entre un sonido y otro, no al "tempo" de una pieza—, se hace imprescindible conocer y aprovechar el hecho físico de que el momento de impacto del martillo en la cuerda se produce antes de la posición más baja de la tecla. Aquí es donde el abuso o mal uso del concepto de "peso" se convierte en un obstáculo ya imposible de superar, pues cuanto más "ágil" o veloz es un pasaje, *menor debe ser el recorrido de la tecla,* de manera de no desperdiciar tiempo y energía en un recorrido de la tecla "ciego" o inútil, porque el martillo ya impactó en la cuerda. Gracias a la propia velocidad del impulso que le llega al martillo en virtud de la velocidad del pasaje, se reduce el tiempo que el martillo tarda en llegar a la cuerda y es inútil seguir descendiendo la tecla.

En realidad, insistimos: la ejecución pianística se dificulta —o para ciertos pasajes se hace imposible— cuando se piensa o se considera que el "peso" es un elemento relevante de la técnica. El peso es un *elemento existente* desde el momento en que actúa la fuerza de gravedad sobre los objetos; pero su rol no es relevante. Es más: casi la totalidad de la técnica y la ejecución pianística consiste o bien en *impedir* que el peso —esto es, la fuerza de gravedad— dificulte la ejecución, o bien actuar para *lograr mayores o menores velocidades* que el peso natural del sistema produciría (ver Apéndice 4, "Concepto físico del peso").

Por otra parte, en pasajes de gran velocidad o repetición alternada de notas —como sucede en el trino o en los trémolos—, tampoco es necesario llegar a la posición más baja de la tecla, porque en esta posición el impulsador ha completado todo su recorrido hasta posicionarse delante del nodo del martillo —o sea, hacia el pianista—, a través del orificio que con este objeto se encuentra en la palanca de repetición.

En realidad, en estos casos es mucho más conveniente llevar la tecla sólo hasta la posición en la que el impulsador empuja el nodo y no ha completado todo su recorrido, de manera que cuando el martillo rebota luego de impactar con las cuerdas, el impulsador tiene que recorrer una distancia mínima para volver a empujarlo en forma inmediata. Dicha posición se encuentra *antes* de la base de la tecla.

De esta manera no se ha perdido tiempo en el movimiento completo del impulsador, como sucede cuando la tecla continúa descendiendo hasta el final de su recorrido.

La eficiencia en la velocidad del mecanismo depende en gran medida de que los resortes de la palanca de repetición tengan la tensión necesaria —una de las fallas más frecuentes en los pianos usados—. Si la tensión es menor que la normal, el martillo quedará demasiado alejado de las cuerdas luego de percutirlas, porque el resorte no tendrá la fuerza suficiente para sostener el martillo sobre la palanca de repetición, y se entorpecerá así la posibilidad de repetir con eficiencia las notas.

Un mecanismo sin la tensión correcta en los resortes de repetición suele *agotar los músculos de los pianistas*, porque se debe compensar la ineficiencia de los resortes sobrecargando al sistema muscular.

A partir de esta comprobación, el pianista sabe que no podrá confiar en la tensión de los resortes para los trinos, notas repetidas o ciertos pasajes de agilidad y podrá pulsar las teclas de manera de utilizar —por ejemplo—, el impulsador a modo de reemplazo. La descripción mencionada del aprovechamiento de distintas posiciones de los impulsadores puede ser una manera de compensar la falla citada.

Los siguientes son otros puntos importantes en la relación entre la fisiología del pianista y el funcionamiento del mecanismo del piano:

—Control y manejo del "staccato": obtener las graduaciones controlando la posición y recorrido de los apagadores desde las teclas.

—Repetición de notas a gran velocidad (simples, dobles, acordes, etcétera): aprovechando las distintas distancias en el recorrido de la tecla según el matiz o la dinámica deseada.

—Energía "adicional": aprovechar la energía adicional generada por el movimiento de los componentes de la máquina y del sistema fisiológico.

—Las claves de la velocidad: combinar los aspectos fisio-mecánicos —sistema y máquina— y neurológicos.

—Manejo y control del sonido a través de los pedales:

a) Pedal de resonancia: usar el recorrido más eficiente, alivianar la máquina y lograr el efecto de "vibrato" y de resonancia "fantasma", que consiste en el descenso del pedal de resonancia antes de que los apagadores frenen la vibración de las cuerdas.

b) Sostenuto o "tonal": extender la resonancia de las notas en las melodías.

c) "Una corda": extender la atenuación —por cuerda no percutida vibrando en "fase contraria"—, combinar su uso con el "sostenuto" y generar una mayor "paleta" tímbrica según su recorrido.

Un párrafo aparte merece la cuestión de la "sobrepresión" o "sobre empuje" que suele producirse sobre la base de la tecla cuando ésta ha llegado a su punto más bajo.

Se trata de un problema que ya observaba el pianista inglés Tobias Matthay y que explicó hace más de cien años en dos de sus más famosos libros: *"The Act of Touch"* y *"The Visible and Invisible in Pianoforte Technique"*.

Matthay, reconocido pedagogo, uno de los primeros en definir y explicar el toque de rotación de antebrazo y su función vital en la técnica pianística, advierte que si una vez que la tecla ha llegado a su punto inferior el pianista continúa presionando sobre la misma, esa fuerza excesiva o "sobrante" no puede ser absorbida por el mecanismo del piano, y en consecuencia vuelve hacia el sistema muscular agotándolo poco a poco.

Esa sobrepresión —*keybedding* en inglés—, que muchas veces se produce sin advertirse, va afectando el sistema de músculos, tendones, ligamentos y nervios, generando con el tiempo todo tipo de molestias físicas, dolores y tensiones.

El primer paso hacia la prevención y eliminación de la sobrepresión es, una vez más, el desarrollo de la conciencia y el entrenamiento de la verdadera ubicación del punto de producción del sonido: *antes de que la tecla llegue a su posición inferior.*

También aclara Matthay que apoyar los dedos sobre la base de las teclas con la presión mínima suficiente para que las teclas no vuelvan a ascender *no constituye sobrepresión.* La sobrepresión es la continuación en la base de la tecla de la presión o empuje que se ha utilizado para descenderla, o la aplicación de mayor presión.[14]

Es muy probable que no existan límites a las distintas aplicaciones que un pianista puede descubrir para utilizar la máquina del piano a medida que desarrolla y perfecciona los distintos aspectos del toque y la ejecución.

Es también lógico concluir que el conocimiento del funcionamiento de la máquina pueda ayudarle a un pianista a decidir qué movimientos, posiciones o maneras de pulsar las teclas serán más convenientes, no sólo para obtener la mejor sonoridad o expresión posible para los distintos pasajes, sino también para "filtrar" de su técnica en constante perfeccionamiento aquellos movimientos superfluos o incluso nocivos.

A modo de ejemplo del último punto mencionado, vale la pena recordar que en muchos casos se ha insistido a los estudiantes de piano que pulsen con "peso", "fuerza", "hasta el final del recorrido de la tecla", o

---

[14] La sobrepresión también acelera el desgaste de muchos componentes del mecanismo, especialmente de las piezas que contactan entre sí cuando la tecla ha llegado a su base. (*N. de los A.*)

incluso "empujar hasta el fondo", inculcando la idea de que el sonido está allí abajo, como si la tecla fuera un botón que hay que pulsar hasta el final para que se produzca algún misterioso contacto.

Si muchos futuros pianistas hubieran tenido en claro lo ridículo de estos criterios —por suerte siempre ha habido muchos que lo han sabido en forma intuitiva—, un gran número de ellos no habrían abandonado sus promisorias carreras, frustrados por no poder obtener los resultados deseados o, peor aún, víctimas de lesiones o dolores crónicos por haber generado tensiones musculares innecesarias.

Apéndices a la Parte 2
Lo mecánico

Apéndice 1
Contribuciones al fenómeno de la velocidad y la aceleración, únicas variables en la obtención de toda la gama de volumen y calidad de sonido

«Von Helmholtz (1821-1894) demostró que el timbre en el piano es el resultado de tres hechos: el modo de percutir las cuerdas, el punto de percusión y la constitución de la cuerda, con su espesor, tensión y elasticidad.

»Como los dos últimos hechos no pueden modificarse, es obvio que la cuestión de la variedad de la "paleta" sonora depende del primer factor: el modo de percutir las cuerdas.

»En lo referente a la manera de obtener en el piano las diferentes sonoridades, el principio —no queriendo pronunciar una palabra quizás de más peso: *secreto*—, en que se basa la variedad del sonido es el siguiente:

»La calidad del sonido del piano —que depende de la diferente cantidad de armónicos en el momento de la emisión—, resulta de la mayor o menor velocidad con la que el martillo golpea la cuerda.

»La gama variable de timbres que el pianista puede obtener está en relación directa con la infinita variedad de velocidades que la presión del dedo ha de transmitir al martillo.»[15]

«A mayor velocidad de impacto en la cuerda, mayor será el volumen del sonido obtenido. Sólo puede producirse un sonido con gran volumen *moviendo la tecla con rapidez* —y por consiguiente la cuerda—. No hay otra manera.

»La tecla es un sistema de palancas, un mecanismo que nos permite obtener velocidad con la cuerda y así asegurarnos control dinámico: control de la exacta velocidad (o sonido) deseada.

»El sonido desagradable y la falta de control sobre el mismo es el resultado de mover la tecla con violencia, con un impulso demasiado repentino: en este caso hay mayor presencia de los armónicos superiores.

»El volumen del sonido depende de la velocidad de la tecla, pero el control del sonido y su calidad dependen de *cómo* se genera esa velocidad.

»Un sonido agradable, controlado y obtenido con facilidad se produce descendiendo la tecla en forma *gradual*. Sólo de esta manera es que se puede lograr un perfecto control sobre el sonido: un sonido expresivo y de alta calidad.»[16]

[15] CASELLA, Alfredo (1998). *El Piano*. Ricordi, Buenos Aires, págs. 109/110.

[16] MATTHAY, Tobias (1947). *The Visible and Invisible in Pianoforte Technique: Being a Digest of the Author's Technical Teachings Up to Date*. Oxford University Press, Oxford, UK, págs.6/7.

«Existen sólo tres variables que las manos* del pianista pueden influenciar para cambiar el sonido:

»-La velocidad con la que el martillo percute la cuerda: el volumen.

»-El momento en que el martillo percute la cuerda.

»-El momento en el que el pianista decide que la tecla ascienda, permitiendo caer al apagador y detener la vibración de la cuerda. Esto determina la duración del sonido.»[17]

* Es de destacar la aclaración del Ingeniero Richard Dain en relación a las variables que dependen de las manos. Más adelante en su artículo, Dain menciona los distintos efectos posibles con el uso de los pedales.

Imagen 44. Richard Dain

Richard Dain llegó a detectar en un pianista de gran nivel más de quinientas variaciones de veloci-

---

[17] DAIN, Richard. *The Engineering of Concert Grand Pianos.* En *https://www.pianostreet.com/blog/articles/how-can-modern-technology-contribute-to-a-great-piano-performance-4861/*; y en *https://www.ingenia.org.uk/getattachment/c9d7ebc2-ff9c-47aa-a339-9035a77c7418/Dain.pdf.*

dad en el descenso de una tecla. Puede consultarse el artículo completo del Ingeniero Dain en el siguiente enlace: *https://www.ingenia.org.uk/ingenia/issue-12/ the-engineering-of-the-concert-grand-piano*

APÉNDICE 2:
REVELADORES CONCEPTOS DE
VICENTE SCARAMUZZA SOBRE EL "PESO",
QUE DEMUESTRAN SU IRRELEVANCIA COMO
COMPONENTE DE LA TÉCNICA PIANÍSTICA

1) «La ÚNICA función que desempeña el peso es la de oponerse a la reacción producida (en la tecla) por la acción de los dedos, palma y/o antebrazo: el peso contrarresta la reacción que proviene desde la tecla para que esas energías puedan manifestarse. Es una acción pasiva. No obra, sino que permite obrar.»

Comentario: esa reacción o "fuerza ascendente" (ver Apéndice 4) puede variar en función del estado de la máquina del piano. Una máquina fuera de regulación o con componentes rígidos generará una fuerza ascendente mayor en la tecla. Llevará más "peso" vencer esa fuerza, pero allí termina la brevísima función del peso, que consiste en liberar el camino para la acción del toque (expresado en velocidad de la tecla y su recorrido).

2) «A medida que aumenta la cantidad de peso, también aumenta el poder sonoro, pero se reduce la agilidad.»

Comentario: lo que en realidad aumenta es la *velocidad* del recorrido descendente de la tecla. Y la agilidad se reduce porque pensar en el peso como factor principal lleva a la soprepresión en la tecla descendida, o, peor aún, a golpear la tecla sin control.

3) «El exceso de peso produce una sonoridad pesada, pegajosa y arrastrada, a la vez que entorpece el mecanismo porque al dedo le cuesta trabajo separarse de la tecla.»

Comentario: ídem anterior.

4) «La VELOCIDAD DEL ATAQUE compensa la falta de peso: un pasaje enérgico de mucha sonoridad no necesita de mucho peso, por lo que hay que evitarlo si su velocidad no lo requiere.»

Comentario: nos animamos a ir más allá e insistir en que la función del peso es solo la de vencer la resistencia inicial o fuerza ascendente en la tecla al apoyar el dedo sobre la misma para descenderla —como lo explica la física—, de manera de *liberarse* del concepto del peso como factor en la producción del sonido, ya que esa función del peso en relación a la resistencia inicial de la tecla es absolutamente automática e involuntaria.

5) «El martillo llevado contra la cuerda con RAPIDEZ produce mucha sonoridad.»[18]

Comentario: la única manera de generar esa "rapidez" en el martillo es *producirla en la tecla.* O sea, a mayor velocidad y mayor recorrido en la tecla, ma-

[18] OUBIÑA DE CASTRO, María Rosa (1973). *Enseñanzas de un gran maestro, Vicente Scaramuzza.* Ediciones Ossorio-Vargas, Buenos Aires, págs.33/35.

yor será el volumen resultante. Y a menor velocidad y/o menor recorrido de tecla, menor será el volumen resultante.[19]

[19] Recordemos que la "velocidad" incluye siempre y sin excepciones los distintos grados y momentos de aceleración. (*N. de los A.*)

Concepto del "peso" en la física clásica

En física clásica, el *peso* es la medida de la *fuerza* de gravedad que actúa sobre un objeto. El peso equivale a la fuerza que ejerce un cuerpo sobre un punto o superficie de apoyo; es una fuerza originada por la acción de la gravedad sobre la masa del cuerpo. Por ser una fuerza, el peso se representa como un vector aplicado en el centro de gravedad del cuerpo y dirigido hacia el centro de la Tierra.

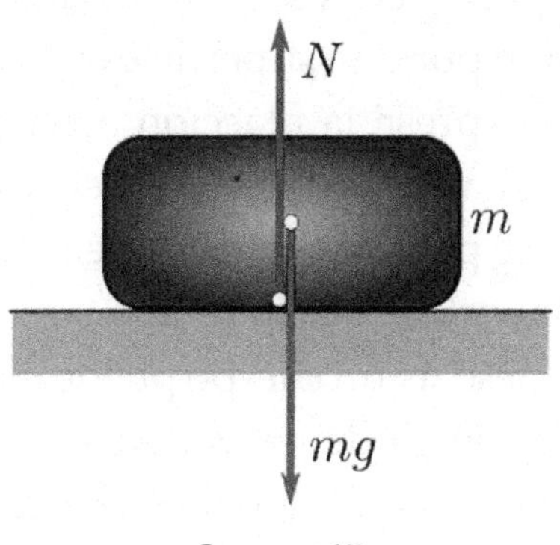

Imagen 45

m = masa,
mg = peso del objeto.
N = reacción del plano en que se apoya el objeto.

El peso es entonces una fuerza de sentido vertical descendente. La magnitud o "cantidad" de peso de un objeto depende tan sólo de la intensidad del campo gravitatorio local y de la masa del cuerpo.

Peso y *masa* son dos conceptos y magnitudes físicas bien diferenciadas:

La *masa* de un cuerpo es su cantidad de *materia*, independiente de la intensidad del campo gravitatorio y de cualquier otro efecto. Por lo tanto, la masa es una propiedad intrínseca del cuerpo.

El *peso* de un cuerpo, en cambio, no es una propiedad intrínseca del mismo, ya que depende de la intensidad del campo gravitatorio en el lugar del espacio ocupado por el cuerpo.

Mientras que el peso real de un cuerpo se determina por su masa y la aceleración de la gravedad, el "peso percibido" o "peso efectivo" sólo se manifiesta si el objeto es soportado por una superficie en la que se apoya, y en la que se expresa la reacción ascendente. Si este apoyo fuera quitado, el objeto comenzaría una caída libre, en la que se percibiría ingravidez, ya que en caída libre no hay soporte y por lo tanto no se percibe peso.

Entonces el peso de un cuerpo puede independizarse del valor de la fuerza de gravedad si la superficie de apoyo se mueve con mayor o menor aceleración hacia abajo o hacia arriba, actuando a favor o en contra de la atracción de la gravedad.

El mecanismo del piano "lee" el grado de aceleración y velocidad durante el descenso de la tecla: no puede "interpretar" el peso porque éste se ha transformado en un movimiento cuya velocidad "natural" está siempre alterada por acción muscular, a favor o en contra de la atracción de la gravedad.

De esta manera se concluye también que el "peso" es un factor irrelevante en relación a la producción del sonido en el piano: la tecla no constituye una superficie de soporte, porque su resistencia —las fuerzas ascendentes— termina cuando la presión del dedo la vence, y el peso vuelve a manifestarse como tal sólo cuando la tecla ha llegado a su posición inferior, *una vez que el martillo ya percutió las cuerdas.*

Otro dato que comprueba la irrelevancia del *peso* en la técnica pianística es el hecho de que en todo género de toque y velocidad en la tecla un pianista modifica el efecto que tendría el peso natural del sistema por acción muscular.

Cuando se desciende una tecla con poca velocidad, estamos sosteniendo el peso natural del sistema por acción muscular. A medida que se incrementa la velocidad en el descenso de la tecla, se llega, en las dinámicas más intensas, *a accionar los músculos de tal manera que se supera la velocidad que generaría el propio peso.*

En otras palabras, por acción muscular podemos descender una tecla más lento o más rápido que la atracción de la gravedad sobre nuestro sistema. Es posible que en algún punto intermedio la velocidad coincida con la que se generaría por propio peso, pero esta velocidad es imposible de percibir en forma consciente.

Más aún, si apoyamos un dedo sobre una tecla y la descendemos dejando "caer" el sistema por su "propio peso", lo que estamos haciendo es relajar los músculos, y es muy poco probable que en apenas 9 o 10 milímetros —calada o recorrido total promedio de las teclas— los músculos se hayan relajado como para poder hablar del "peso del sistema".

En todo momento hay acción muscular, y ésta puede disminuir o incrementar la velocidad que se generaría por el propio peso. En ningún momento podemos conocer el "peso" que estamos aplicando. Pero en todo momento sí podemos percibir y controlar la *velocidad* que estamos aplicando.

Apéndice 4:
Improvisación e interpretación:
dos caras de la misma moneda

*"Si no se espera que suceda algo,
no sucederá lo inesperado."*

Heráclito

*"Las improvisaciones son mejores
cuando se las prepara."*

William Shakespeare

"La composición es improvisación selectiva."

Igor Stravinsky

*"Suelen hacer falta tres semanas para
preparar un discurso improvisado."*

Mark Twain

Dos de los actos artísticos más bellos y muy intensos desde lo emocional que existen en la música, la interpretación y la improvisación —otros son la dirección y la enseñanza—, tienen muchísimos más puntos en común y están mucho más cerca de lo que se cree.

La improvisación siempre ha jugado un rol básico fundamental en la génesis de todos los estilos musicales. En realidad, a juzgar por los testimonios y relatos documentados acerca de las actividades musicales entre los siglos XVII y XIX, quizás se debería considerar que los grandes compositores eran en realidad improvisadores que dejaron escritas algunas de sus creaciones espontáneas.

Es indudable que esos mismos grandes creadores le daban a la improvisación un valor comparable al de la composición, y en algunos casos, aún mayor: la "prueba" definitiva que revelaba el talento creativo de un compositor era el despliegue improvisado de una célula de algunas pocas notas dadas a modo de desafío. Todo músico —compositor o intérprete—, *debía* improvisar.

Carl Philipp Emanuel Bach, en su famoso método *"Versuchüber die wahre Art das Clavierzuspielen"* ("Ensayo sobre la verdadera manera de tocar el teclado"), es muy claro al respecto: *"Quien toca un instrumento de teclado puede lograr dominar el ánimo de sus oyentes, en especial en las improvisaciones y las fantasías."*

El hecho de incluir en un texto semejante referencia sobre el impacto emocional de la improvisación, no sólo nos da una idea de la importancia que dicha práctica tenía en aquella época; también nos sugiere que el arte de la improvisación no debería haberse abandonado.

Más significativa aún es la inclusión de las técnicas de improvisación como elemento imprescindible de la formación musical en el método que *Carl Czerny* publicó en Viena en 1839 bajo el título *"Vollständige theoretisch-practische Pianoforte-Schule"* ("Método completo teórico-práctico de pianoforte").

Czerny, discípulo de Beethoven y maestro de Franz Liszt, no duda en considerar a la improvisación como un arte tan elevado como la interpretación, y así lo describe en la que puede considerarse la primera obra definitiva sobre la pedagogía pianística publicada hasta entonces.

Al menos en el caso de las obras para piano solista, no parece descabellado pensar que aquellos geniales creadores enfocaban la composición como una especie de "improvisación documentada", en la que la diferencia principal —aunque no la única—, era el tiempo de producción requerido por el procedimiento escrito.

Si Beethoven hubiera vuelto a componer una de sus sonatas después de un tiempo, y aun comenzándola con la misma célula melódica inicial, sería ridículo pensar que todo su desarrollo hubiera tomado el mismo camino, de la misma manera que un escritor no escribiría el mismo libro partiendo del mismo primer párrafo.

Cuando en ciertas ediciones de obras para piano abundan los comentarios a pie de página, en relación a que según distintos testimonios el compositor interpretaba ciertos pasajes de distintas maneras, en lugar de debatir sobre cuál de esas versiones es la correcta,

¿no es más lógico concluir que cuando los compositores tocaban sus propias obras nunca lo hacían igual? ¿Y no es esa una prueba de que la improvisación y la interpretación son y deberían ser en realidad dos componentes de un mismo fenómeno?

Cuando Chopin exigía a sus alumnos una cierta elasticidad rítmica *en la mano derecha*, más independizada del rigor y la lógica limitación de lo que es posible escribir, ¿no los acercaba a uno de los infinitos conceptos de la improvisación?

Chopin nos aporta otra prueba concluyente: *en ninguno* de sus Nocturnos un tema se repite o se re-expone igual, y la alteración puede ser no sólo melódica, sino también rítmica e incluso armónica —sin mencionar variaciones en las texturas, carácter o matices dinámicos.

Es posible que algunos conceptos erróneos o incompletos —o aún cierto desconocimiento acerca de la naturaleza profunda del fenómeno de la creación musical—, hayan producido a partir de mediados del siglo XIX un distanciamiento cada vez mayor entre la interpretación de obras compuestas y la improvisación.

Como lo han sugerido muchos autores —en lo particular *Stephen Nachmanovitch*, en su libro *"Free Play"*—, dos factores pudieron influir en este quiebre: por un lado la "especialización", y por otro lado cierto desconocimiento de los aspectos neurofisiológicos de la ejecución musical.

Es lógico que a fines del siglo XIX haya comenzado a gestarse la idea de la interpretación de obras escritas como una especialización única e individual, teniendo en cuenta la enorme cantidad de literatura escrita acumulada durante algo más de *trescientos años* y las altísimas exigencias técnicas que este material ya imponía a los intérpretes.

Sin el imprescindible y vital aporte de los intérpretes especializados, toda esa herencia cultural y universal habría desaparecido.

Sin embargo, este desarrollo fundamental e invalorable no debería opacar el fenómeno de la improvisación como hecho elevado, cuando fue justo la improvisación como acto creativo lo que generó todo ese material escrito, testimonio incomparable de la genialidad humana.

Un dato científico relacionado con el sistema nervioso y la estructura óseo-muscular brinda una prueba contundente de que desde el punto de vista neurofisiológico la improvisación no está en desventaja en relación al estudio y perfeccionamiento de los movimientos requeridos por la técnica pianística que se le exige a un intérprete.

La velocidad promedio de los impulsos eléctricos en el sistema nervioso es de unos *350 kilómetros por hora*. Esta velocidad varía entre uno y unos ciento veinte metros por segundo —promedio de sesenta a ochenta (60/80) metros por segundo—, dependiendo de ciertas características de los elementos transmisores.

Este es un dato clave: si un pianista está improvisando y debe decidir de manera *instantánea* qué movimientos, "toques" o velocidades aplicar para producir los pasajes que surgen en su cerebro, cuanto más rápido viaje esa orden hacia los músculos más eficiente será la interpretación desde el punto de vista técnico.

Con velocidades de hasta ciento veinte metros por segundo y aún con sesenta metros o menos, los impulsos eléctricos pueden llegar del cerebro al antebrazo, a la mano o los dedos en menos de *una centésima de segundo*.

Por lo tanto, teniendo en cuenta que la técnica pianística se basa en cinco toques básicos y en un "repertorio" de movimientos fundamentales, que un pianista con la experiencia mínima como para abordar el fenómeno de la improvisación ya ha incorporado, con esas velocidades tan altas en los impulsos eléctricos del sistema nervioso no existe ninguna limitación para decidir qué movimientos usar o cómo combinarlos durante una improvisación.

La diferencia real está entonces en otro factor: para ejecutar una composición escrita y lograr que se vuelva "propia", un pianista debe estudiar todos y cada uno de los movimientos más eficientes para reproducir las intenciones del compositor, porque en ese caso la música que interpreta le llega "desde afuera".

Pero si un pianista se sienta a improvisar —para lo que es necesario también conocer las mismas herramientas que utiliza un compositor—, entonces la música surge desde su interior y el proceso se invierte: si un pianista ha desarrollado e incorporado las bases de una técnica eficiente y saludable, puede producir y crear los movimientos necesarios sin ninguna diferencia cualitativa con la ejecución de una obra escrita.

El nivel artístico del resultado en la producción de una improvisación dependerá de la intuición, el intelecto, la sensibilidad, la emoción, el nivel de la técnica instrumental y la experiencia del improvisador, no del fenómeno de la improvisación en sí.

Con la composición ocurre lo mismo: su nivel artístico no depende del hecho de que se trata de un procedimiento escrito, sino del grado en que un compositor posea y utilice aquellas mismas herramientas.

Parece indudable que la práctica de ambas disciplinas sería lo ideal para un pianista, ya sea improvisador o intérprete, porque ambos enfoques son complementarios y uno ayuda a perfeccionar el otro.

El pianista improvisador con experiencia en la interpretación de obras escritas del repertorio "clásico", desarrolla una mayor perfección en los movimientos de su técnica gracias a la disciplina y la exigencia que debe enfrentar. Su intuición estética también crece y se expande mucho su sentido de la forma, al estar en contacto directo con parte de la literatura musical más elevada jamás concebida. Por otro lado, al estudiar y analizar el repertorio de los más grandes creadores de música para piano, un pianista improvisador absorbe e internaliza las bases del "vocabulario pianístico", o sea, aquello que es posible concebir y ejecutar teniendo en cuenta los aspectos anatómicos y mecánicos.

Al mismo tiempo, un pianista "clásico" con experiencia en la improvisación desarrolla un mayor sentido de la espontaneidad, que puede trasladar e incorporar a su interpretación. La improvisación, al no pertenecer al reino de la música escrita, en lo rítmico es más compleja y libre, lo que también enriquece la concepción rítmica de un intérprete habituado a la subdivisión rítmica regular de las figuras. La improvisación también entrena a un músico a encontrar soluciones técnicas en forma instantánea, lo que constituye una habilidad muy valiosa en la interpretación de cualquier tipo o estilo de música. Además el conocimiento de la forma, armonía, funciones de acordes y sus escalas o modos ayuda a entender más la obra a interpretar, ya que estas herramientas ubican al intérprete mucho más cerca del compositor.

Hay otro punto de conexión, y muy profundo, entre la interpretación y la improvisación. La mejor forma de enfocar el fenómeno de la improvisación musical se basa en un aparente contrasentido: las mejores experiencias en la improvisación se producen cuando luego de estudiar y preparar una pieza, en el momento de la improvisación se deja lugar a que suceda algo nuevo, inesperado y por completo diferente.

Lo maravilloso es que sólo preparando algo sucede lo sorpresivo, como lo describía Heráclito con su conocida genialidad.

¿Y qué mejor preparación que el estudio y análisis de la mejor literatura pianística escrita jamás concebida?

Una de las herramientas técnicas e interpretativas que siempre han caracterizado a los mejores pianistas de la historia es la llamada "paleta sonora", o sea, la capacidad de obtener la mayor gama posible de timbres y/o efectos sonoros en el piano.

Es indudable que un pianista debe desarrollar su "paleta sonora", teniendo en cuenta que el piano es, desde el punto de vista expresivo, mucho más limitado que los demás instrumentos. De manera que cuanto mayor sea la variedad tímbrica que un pianista puede obtener, mayor será la expresividad y profundidad emocional de su interpretación.

Sin embargo, el piano tiene una gran limitación: no es posible modificar un sonido una vez emitido. A diferencia de lo que sucede con el resto de los instrumentos, *una vez que el martillo golpeó la cuerda* no hay nada que un pianista pueda hacer para modificar el *timbre* del sonido producido.

Se pueden obtener algunos efectos con el uso del pedal de resonancia o la manera de ascender la tecla, pero el *timbre* del sonido no se puede modificar, a no ser tocando las cuerdas con los dedos o algún objeto.

Esto nos lleva a una sola conclusión: todo lo que un pianista puede hacer para enriquecer su "paleta sonora" debe suceder *antes* de que el martillo impacte contra la cuerda. Más aún: la única variable que un pianista dispone para dicho objetivo es la *velocidad* y la *aceleración* con la que desciende una tecla.

Muchos factores biomecánicos o fisiológicos pueden utilizarse y hasta combinarse para este objetivo. Los conceptos de "presión" y las variedades de "toques" son los principales, pero en realidad el resultado fundamental debe ser el mismo: obtener la más variada gama posible de velocidades y graduaciones de aceleración en el descenso de la tecla.

Josef Lhevinne, en su libro *"Basic Principles In Pianoforte Playing"* ("Principios Básicos de la Ejecución Pianística", editado por primera vez en 1924), menciona en el capítulo acerca de los secretos de la belleza del sonido que "[…] ajustar la mano y el brazo a las condiciones que producen un buen sonido es sólo la mitad de la batalla. [ ] El estudiante debe tener además un concepto mental muy claro de qué es lo que contribuye a la obtención de un buen sonido en el *teclado*, […] *y también investigar ciertos principios físicos*"[20].

El peso, la presión y otras variables con las que se suelen describir los mismos fenómenos actúan también, pero siempre la consecuencia y resultado final es la

---

[20] Las bastardillas son de los autores (*N. del E.*)

velocidad y aceleración en la tecla y la transmisión de las mismas al martillo a través de la máquina.

Sin embargo, el piano ofrece un obstáculo físico que dificulta la aplicación de estos principios vitales: la "calada" o recorrido total de la tecla hasta llegar a su punto más bajo es de sólo 10 milímetros como promedio.

Aquí llegamos al núcleo del problema: la *calada* es demasiado pequeña como para controlar en forma intencional o consciente una mayor gama de aceleración y velocidad final de la tecla —y por ende del martillo— y así poder obtener distintos timbres.

Este insalvable e inevitable hecho físico y mecánico se vuelve aún más dramático no sólo por el hecho de que el martillo suele llegar a la cuerda *antes* de que la tecla llegue a su punto más bajo, sino porque además el martillo recorre la distancia hasta la cuerda en menos tiempo a medida que el impulso inicial sobre la tecla es mayor. La consecuencia de esto es que el recorrido descendente promedio de la tecla hasta el punto de impacto del martillo en la cuerda se encuentra entre los 3 y los 8 milímetros, según la velocidad del impulso con que se hace descender la tecla.

En otras palabras, sabemos que el martillo puede llegar a la cuerda *antes* de que la tecla llegue a su posición inferior, pero *cuánto antes* dependerá de la intensidad del impulso inicial sobre la tecla. De manera que el *momento* del impacto del martillo en las cuerdas *en relación a la distancia descendente recorrida por la tecla*, varía según se modifique el impulso sobre la misma.

La tecla puede seguir su recorrido descendente por propia inercia más allá del punto de impacto, pero nada de lo que suceda a partir de éste tiene relevancia alguna en la calidad del sonido. Puede ser relevante para otros aspectos —por ejemplo, el *tenuto* o ligado—, pero no para la calidad tímbrica o el volumen del sonido.

Al ser consciente del margen tan pequeño que el mecanismo del teclado ofrece para impulsar las teclas de distintas maneras, queda claro entonces el nivel de dificultad que enfrenta un pianista al momento de querer controlar no sólo la velocidad, sino y también los distintos grados de aceleración para ampliar su "paleta sonora".

Esta dificultad no es tan marcada en los pasajes "cantábiles" lentos, o en frases formadas por pocas notas o notas de gran duración.

Es en los segmentos de gran velocidad, que por otra parte constituyen el mayor porcentaje de pasajes de la literatura pianística, donde se hace más difícil controlar la aceleración y la velocidad para obtener una variada "paleta sonora". Hay sólo una manera de superar esta limitación: *a través de la neurofisiología.*

Como se menciona en el anexo anterior de la presente publicación, la velocidad promedio de los impulsos eléctricos en el sistema nervioso es de *350 kilómetros por hora.* Mas esta velocidad varía entre uno y unos ciento veinte metros por segundo (promedio sesenta/ochenta metros por segundo), dependiendo de ciertas características de los elementos transmisores.

Con velocidades de hasta ciento veinte metros por segundo y aún con sesenta metros o menos, los pulsos eléctricos pueden llegar del cerebro al antebrazo, a la mano o los dedos en menos de *una centésima de segundo*, y entonces la mínima distancia que suele recorrer una tecla hasta el punto de impacto, se convierte en más que suficiente por comparación.

De manera que es sólo a través de la neurofisiología que aquellas distancias tan pequeñas en el recorrido de las teclas se vuelven mayores, dada la increíble velocidad de los impulsos nerviosos.

Existen tres estrategias que pueden aplicarse para desarrollar distintos grados de aceleración y velocidad en el descenso de las teclas. Una es "directa", o sea que puede controlarse en forma intencional o consciente, mientras las otras dos son "indirectas" y utilizan la imaginación como herramienta neurofisiológica.

"Coreografía" de las manos

Desde el punto de vista físico, es más que evidente que las distintas posturas o posiciones del brazo, antebrazo, palma o dedos sobre las teclas generarán distintas maneras de descenderlas, o sea, distintas velocidades producidas por la ya mencionada combinación de toque y peso o presión, o cualquier otro término que en esencia se refiera a los mismos fenómenos.

En otras palabras, cambiando —aun de manera imperceptible—, la posición de los elementos del sistema —como por ejemplo la altura de la muñeca o el ángulo del antebrazo o palma—, se modificará la forma en la que se manifiesta el impulso, y por lo tanto el grado de aceleración y velocidad sobre la tecla. De esta manera se comenzarán a obtener distintos niveles de volumen y diferencias tímbricas —sin mencionar la variedad en la articulación.

La legendaria educadora y formadora de pianistas estadounidense *Dorothy Taubman*, bautizó a esta técnica como "coreografía de las manos", generando la imagen de manos "danzantes" sobre el teclado, con lo que se obtiene un abanico enorme de variedades tímbricas.

De hecho, una de las características más sobresalientes de los pianistas cuya paleta sonora parece ser interminable es un "catálogo" también infinito de movimientos sobre el teclado.

En contraposición a esto, puede observarse que aquellos pianistas con una paleta más limitada generan muy pocos movimientos, estereotipados y repetidos.

"Imitación" de otros instrumentos

En uno de sus numerosos ensayos, el gran pianista *Alfred Brendel* relata con gran minuciosidad cómo obtiene los distintos efectos sonoros en el piano para imitar a los demás instrumentos de la orquesta.

Más allá de que las distintas posiciones de dedos, palma y antebrazo que él describe para obtener el sonido de otros instrumentos funcionen en otro pianista o logre su cometido en forma objetiva y comprobable, es indudable que cualquier imagen mental enviará impulsos nerviosos a los músculos con levísimas diferencias.

En su libro *"Piano Notes"*, el pianista clásico *Charles Rosen* analiza numerosos pasajes de la literatura pianística clásica y romántica en los que los compositores escriben pensando en la imitación de otros instrumentos.

No es tan relevante si estas imágenes mentales logran acercarse al sonido o al menos a la articulación de otros instrumentos. Aquí lo importante es que esta es otra manera muy sutil, indirecta y casi inconsciente de controlar la mayor gama posible de aceleración y velocidad en un recorrido de la tecla menor a los diez milímetros. En consecuencia, se obtiene también así una amplísima gama de matices tímbricos.

Interpretación "narrativa"

Muchas veces se ha escuchado a distintos pianistas y diferentes instrumentistas relatar cómo en distintas obras ellos relacionan distintos pasajes, voces o efectos con relatos o personajes de historias.

Se suelen escuchar este tipo de enfoques "narrativos" no sólo en el caso de obras que están basadas en obras literarias o en algunos de sus personajes — "Kreisleriana", de *Robert Schumann*, es un ejemplo notable —, en las que la aplicación de este criterio es más obvio y evidente: es también aplicable en obras "abstractas", cuyo discurso musical existe por sí mismo.

Aún en este último caso, la interpretación y la expresividad de una obra se enriquecen desde lo dramático al aplicarle algún significado literario o interpretación narrativa, lo que ayudará al pianista a variar la velocidad y la aceleración en el descenso de las teclas, ampliando así su abanico tímbrico.

Se pueden encontrar muchos ejemplos de este enfoque interpretativo en el libro *"Arrau"*, de *Joseph Horowitz*, en el que el genial pianista chileno relata cómo aplicaba el mecanismo de la "interpretación narrativa" o "literaria" en muchas de sus ejecuciones.

Un pasaje arpegiado ascendente y descendente puede representar el oleaje del mar, o cierta nota repetida puede ser interpretada como una gota de lluvia cayendo. Una vez más, poco importa si el oyente puede interpretar la obra con ese significado "extra musical". Es muy poco probable que ocurra, si la narración imaginada no se relaciona con la composición o más aún si la crea el mismo pianista. Lo relevante es la percepción de una paleta sonora amplia, que resultará en una interpretación, una vez más, mucho más expresiva y profunda.

Un mismo pasaje se articulará con un sonido aunque sea distinto si se lo imagina como el oleaje del mar, el viento sobre una pradera o un pájaro en vuelo ondulante.

El compositor tiene la palabra

Al final, suelen ser los propios creadores de las obras los que nos comunican a través de las partituras el clima principal de una obra. Las indicaciones de movimiento y carácter al principio de una pieza ya orientan al intérprete hacia una intención determinada que dominará la expresión emocional de su ejecución.

Sin embargo, en las partituras suele haber muchos otros "mensajes" que un intérprete de excelencia sabe identificar para luego trasladar a su ejecución. Las ligaduras de expresión, indicaciones de dinámicas, de cambios de movimiento y carácter o uso de los pedales son las más comunes, pero hay algunos ejemplos de estas verdaderas "guías", que a veces se pasan por alto.

A través de la escritura de los sonidos y las alteraciones (propias o accidentales) los compositores dejan bien en claro que no es lo mismo un sonido con diferentes nombres, porque a cada nomenclatura le corresponde una función armónica o melódica diferente.

Citando al gran compositor argentino Alberto Ginastera, "[…] *si un mismo sonido se escribe distinto, es distinto.*"

Aquí es donde un intérprete con conocimientos de armonía y composición corre con ventajas: al analizar e identificar la función armónica y/o melódica de un sonido según el nombre que el compositor le asignó, en forma automática y casi intuitiva un pianista que posea esos conocimientos lo articulará con una intención diferente, lo que, una vez más, generará un impulso neurofisiológico distinto, con su consecuente cambio tímbrico.

Por otro lado, está el caso de canciones u obras con letra. Un ejecutante sensible le brindará a cada pieza una intención emocional diferente siempre que conozca su contenido literario, y avanzará así hacia una interpretación distinta e individual para cada obra que incluya en su repertorio de concierto.

Otro mensaje que muchas veces los compositores nos envían se relaciona con la cuestión de la digitación. Cuando es el compositor el que anotó una determinada digitación, o si el revisor que la sugiere es un pianista de suficiente prestigio como para tenerla en cuenta, hay que considerar que dicha digitación puede ayudar a originar una articulación que producirá mejores resultados rítmicos, expresivos y tímbricos.

Son interesantes los pasajes que podrían digitarse de alguna otra forma más cómoda o natural. Una digitación especial o sugerida por el mismo compositor puede llevarnos a articular una frase de una manera única, que no sería muy posible con una digitación más sencilla. En palabras del mismo Claudio Arrau, "[...] *la dificultad es parte de la expresividad.*"

Como un último ejemplo de cómo podemos interpretar los pasajes con distintos timbres y niveles expresivos, está la cuestión del análisis de la forma de una obra.

Para un intérprete es vital poder identificar qué segmento constituye una introducción, un primero o segundo tema, pasajes de transición, epílogos, codas, etcétera, porque cada uno de estos segmentos tiene una relevancia individual y requiere una intención distinta, con su consecuente timbre expresivo.

La sola intención de presentar un pasaje como una introducción, interludio o una transición entre dos temas suele ser suficiente para articularlo de manera especial y única. El sutil, a veces inasible y difícil problema de la "paleta sonora" puede volverse mucho más accesible y fácil de desarrollar si se tienen en cuenta estos detalles ínfimos o imperceptibles.

Son esas pequeñas pero grandes diferencias en el timbre obtenido gracias a este tipo de estrategias las que generan una ejecución rica, expresiva y conmovedora que queda en la memoria del público.

APÉNDICE 6:

LINKS A VIDEOS

1) Dorothy Taubman, *"Choreography of the hands"* (en inglés):

Parte 1:

https://www.youtube.com/watch?v=suwdLaYBaAs

Parte 2:

https://www.youtube.com/watch?v=SSCyb43wQdA

Parte 3:

https://www.youtube.com/watch?v=pxeWx6q24Po

Parte 4:

https://www.youtube.com/watch?v=r6DedWiTogM

2) Anton Kuerti and the piano (en inglés).

El pianista austríaco radicado en Canadá *Anton Kuerti*, nacido en 1921, demuestra en el siguiente video cómo un pianista puede trabajar sobre algunos detalles del instrumento antes de un concierto, ante la imposibilidad de contar con un técnico.

https://www.youtube.com/watch?v=YI614H6JcWk

3) Mecanismo de Cristófori de 1726 (animación):

https://www.youtube.com/watch?v=uZjcV3_0PqQ

4) Mecanismo vienés de Johann Andreas Stein de 1773 (animación):

https://www.youtube.com/watch?v=ZlOgyWEPhkg

5) *"From the clavichord to the modern piano"*.

Excelente video en dos partes (en inglés) acerca del desarrollo desde el clave y el clavicordio hasta llegar al piano moderno. Incluye imágenes reales de distintos instrumentos y de sus mecanismos.

Parte 1:

https://www.youtube.com/watch?v=4uCCw_hmILA
Parte 2:

https://www.youtube.com/watch?v=a9IaE2i-DmA

6) El mecanismo del piano Steinway de cola.

Se observa en detalle el funcionamiento del mecanismo, incluyendo un acercamiento al caballete y sus componentes, en el que se aprecia el movimiento de las partes, del conjunto de pulsador, palanca de repetición y nodo del martillo:

https://www.youtube.com/watch?v=XArz6uCsrA0

7) Mecanismo del piano vertical (en inglés).

Incluye un gráfico indicando el nombre de las piezas componentes del mecanismo del *Yamaha* B2.

https://www.youtube.com/watch?v=2kikWX2yOto

PARTE 3
ENTREVISTAS A PIANISTAS
Y TÉCNICOS DE PIANO

9.

REFLEXIONES DE PIANISTAS Y TÉCNICOS

EN ESTA SECCIÓN —respecto de la temática de este libro— hemos querido compartir las reflexiones de varios pianistas y técnicos que hemos tenido el placer y el honor de conocer y con los que en varias oportunidades compartimos actividades organizadas por la *Fundación El Sonido y El Tiempo Internacional*[21], y que desde 2011 nos llevó a desarrollar juntos masterclasses, talleres y conciertos dando vida a la marca *Pianorama argentino*®.

El hecho de trabajar, enseñar, estudiar, investigar y preparar juntos nuestras clases y conciertos, ha tenido y tiene esta concepción de compartir y aprender del otro; y en cierta forma *el trabajo en equipo* es lo que enriquece esta propuesta. Así es que se incorporan grandes pianistas y técnicos nacionales e internacionales a nuestras propuestas y proyectos de la Fundación a través de *Pianorama argentino*®.

Algunas de las reflexiones constituyen respuestas concretas a las preguntas que sugerimos:

[21] Fundada por Daniel Goldstein junto a los pianistas italianos Simone Pagani y Marco Giovanetti, en 1992 en Italia —*Il Suono e Il Tempo*— y también en Argentina y los Estados Unidos —*Sound & Time*.

Preguntas a pianistas

—¿Por qué cree que es importante que en la enseñanza se incluya el funcionamiento de la máquina del piano y su relevancia en la interpretación?

—¿Por qué cree que es importante en la enseñanza el desarrollo de la técnica pianística y su relevancia en la interpretación?

—¿Cuál es su opinión en referencia a la unión del aspecto neurofisiológico con el manejo consciente de la mecánica del piano?

—¿Cómo aplica en su estudio y en sus enseñanzas estos temas y cómo considera que influyen en su interpretación artística?

—¿Qué ejemplo considera pertinente u oportuno mencionar de algún pasaje en alguna obra que pudo solucionar pensando en el mecanismo del piano?

—¿Cuál es de acuerdo con su experiencia como docente el problema o los problemas más frecuentes de los estudiantes de piano?

—¿Qué lo llevó por primera vez a conocer o estudiar el funcionamiento de la máquina del piano?

—¿Pensó o se interesó alguna vez en aprender a afinar?

—¿Cuáles son para Ud. los temas más importantes en la vinculación del pianista con el técnico, especialmente antes de un concierto?

Preguntas a técnicos

—¿Considera que existe una suerte de desvinculación de algún tipo entre técnicos y pianistas?

—Según su experiencia, ¿cuál es el nivel promedio del dominio de la nomenclatura del instrumento por parte de los pianistas? En otras palabras, ¿saben los pianistas explicar y con precisión qué problemas puede presentar un piano?

—¿Considera que un pianista debería saber algunos rudimentos de afinación, calibración o reparación, al menos de cuestiones menores?

—¿Cuál es para usted el aspecto más difícil de la afinación?

—Ídem en la regulación.

—¿Cuál es el problema de afinación más frecuente en los pianos?

—Ídem en la regulación.

—¿Qué opina de los programas o aplicaciones digitales de afinación? ¿Usa alguno? ¿Cuál y por qué?

—¿Cómo aplica Ud. en su trabajo el vínculo entre técnicos y pianistas?

—¿Cuáles son para Ud. los temas más importantes en la vinculación del pianista con el técnico, antes de un concierto?

Otros desarrollaron sus reflexiones sobre la base de las mismas preguntas. Esta es —creemos—, otra manera de trabajo en equipo. Por eso nos sentimos honrados y felices de los maestros que nos acompañan con sus reflexiones, agradeciéndoles sus aportes y participación.

¡Muchas gracias a todos ellos!

Los autores

10.

Pianistas

ROBERTO PROSSEDA
Pianista y docente
Latina, ITALIA
www.robertoprosseda.com

—*¿Por qué cree que es importante que en la enseñanza se incluya el funcionamiento de la máquina del piano y su relevancia en la interpretación?*

—Tocar el piano es una actividad compleja, que incluye muchas acciones conjuntas e integradas.

»Cuando nuestras manos entran en contacto con el teclado para tocar, nuestro cuerpo se convierte en parte de esta "máquina". El movimiento de la tecla, desde su descenso por la mano, hasta la percusión del martillo sobre las cuerdas, se realiza a través de un sistema de palancas, y nuestros dedos, al accionar las teclas, pasan a formar parte de ese sistema. Pero también el brazo, el antebrazo, y muchas veces el hombro, son partes implicadas en la producción del sonido y por ello también es importante conocer nuestro sistema muscular y las "articulaciones" que participan en la regulación de sus movimientos.»

—*¿Por qué cree que es importante en la enseñanza el desarrollo de la técnica pianística y su relevancia en la interpretación?*

—Creo que es importante enseñar la técnica pianística pero siempre como parte integral del proceso de expresión musical, que parte de la imaginación del músico y que pasa por la técnica pianística y el instrumento hasta llegar al oyente.

»La técnica pianística para mí también significa todo lo relacionado con este proceso: desde el momento en que comenzamos a imaginar un estado de ánimo que pretendemos expresar en una determinada pieza musical, hasta el momento en que el sonido llega al oyente.

»Muy a menudo, hablamos de "técnica pianística" aislando los aspectos mecánicos: la mecánica del piano, el movimiento de los dedos, etcétera. Por supuesto que es importante conocer a fondo estos aspectos, pero siempre debemos considerarlos como un "instrumento" al servicio de nuestras intenciones musicales. También es cierto, sin embargo, que no basta con tener excelentes ideas musicales, si no somos capaces de ponerlas en práctica. Y para mí la "técnica pianística" es el arte de dar vida a nuestras ideas musicales de la manera más eficaz, completa y fisiológica. »

—*¿Cuál es su opinión en referencia a la unión del aspecto neurofisiológico con el manejo consciente de la mecánica del piano?*

—Como decía antes, a la hora de tocar el piano la mecánica del piano también incluye las palancas de nuestro brazo que interactúan con la tecla. Por lo tanto, es esencial considerar también los aspectos anatómicos de las extremidades involucradas en tocar el piano como parte integral de la "mecánica" del piano.

»Siempre es útil partir de la observación de principios físicos naturales: la fuerza de gravedad, la fuerza de inercia, los principios de Newton son leyes que nunca podemos eludir y que también regulan el funcionamiento de la mecánica del piano y la relación entre el movimiento de los dedos y producción de sonido.

»Igual de importante es lo que concierne al sistema neurológico: el funcionamiento del cerebro del músico, el manejo de sus emociones, el estrés, el foco de atención, la capacidad de dirigir la mirada y controlar la respiración, son todos aspectos de los que para mí forman parte de una "técnica pianística" completa, y que relacionan los elementos mecánicos del tocar con aquellos más relacionados con nuestro "sentir" como seres humanos.

»En retrospectiva, la emoción es una reacción fisiológica y psicológica al mismo tiempo: cada emoción se manifiesta a través de reacciones físicas precisas relacionadas con los latidos del corazón, la circulación sanguínea, la rigidez muscular.

»Entonces, incluso cuando hablamos de estados de ánimo relacionados con la música, no podemos excluir los aspectos físicos a través de los cuales la naturaleza humana los expresa, y esto también es cierto cuando hacemos música. »

—¿Cómo aplica en su estudio y en sus enseñanzas estos temas y cómo considera que influyen en su interpretación artística?

—Estudiar es el momento más importante para el crecimiento de un músico: dedicamos la mayor parte del tiempo de nuestra vida a estudiar (¡aparte de las horas de sueño!).

»Por lo tanto, es importante aprovechar al máximo el tiempo de estudio, aunque observo que muchos estudiantes no saben qué hacer cuando estudian y corren el riesgo de "perder el tiempo" tocando sin prestar atención y sin concentrarse en los detalles de su estudio.

»Entonces, una de las primeras cosas que trato de enseñar a mis alumnos es "cómo estudiar", explicando lo que significa "estudiar".

»La palabra *studium* en latín no significa "repetición de un pasaje que es siempre el mismo hasta que lo aprendemos". Por el contrario, *studium* también significa "investigación", "experimentación", pero también "pasión" y "compromiso". Estudiar debe ser siempre una búsqueda de alternativas, un descubrimiento de nuevas soluciones, y siempre debe gratificarnos y entusiasmarnos. Otro de los significados de *Studium* es "cuidar", y el estudio, de hecho, debe hacerse siempre "con cuidado" hacia los detalles de la pieza que estamos estudiando y sin desconectar nunca nuestra atención de lo que estamos haciendo.

»La escucha es otro elemento importante del estudio: me refiero tanto a la escucha acústica, al resultado sonoro de nuestra actuación, como a la escucha de nuestro cuerpo. Escuchar nuestros músculos, nuestra respiración para estar siempre atentos a "qué hacemos" mientras estudiamos.

»Sólo con un estudio preciso y estructurado podremos adquirir una conciencia y una serenidad que nos permitan en concierto, dejarnos llevar sin correr el riesgo de perder el control.

»Sólo cuando estemos seguros, gracias a un estudio bien realizado, podremos tocar "libremente" y también seguir intuiciones improvisadas, libres de la ansiedad del escenario o del "miedo a equivocarnos".»

—*¿Qué ejemplo considera pertinente u oportuno mencionar de algún pasaje en alguna obra que pudo solucionar pensando en el mecanismo del piano?*

—En general, para tocar *pianissimo legato* es útil usar una palanca larga (por ejemplo, todo el brazo), y no limitarse a la acción de un solo dedo. El dedo único es una palanca corta, en comparación con la longitud de la tecla (unos 50 centímetros). Si utilizamos una palanca larga incluso para movimientos milimétricos, como racionar el teclado para tocar *pianissimo*, nos será más fácil controlar con precisión la velocidad de bajada de la tecla. Podemos reducir aún más la velocidad y controlar la bajada de la tecla haciendo que la palanca del brazo sea "más suave" al suavizar las articulaciones. Asimismo, para obtener un *fortissimo* pleno y no agresivo, será útil utilizar el peso de todo el brazo, pero sin el empuje adicional de los músculos del antebrazo (tríceps), para tener una grande masa sonora, pero no "dura".

»Para el estudio del *pianissimo*, puede ser útil tocar una escala de forma "silenciosa", es decir bajando las teclas, pero sin emitir ningún sonido. Así obligamos a nuestros dedos a controlar la velocidad con la que se baja la tecla, a "sentir" la resistencia física de la tecla y a medir la presión requerida por los músculos de los dedos para bajar la tecla, con tanta lentitud que no se emita ningún sonido. Si somos capaces de hacer esto de manera fluida, entonces será fácil aumentar apenas la presión y descubrir que podemos tocar un *pianissimo* que nunca antes habíamos experimentado.»

—*¿Cuál es de acuerdo con su experiencia como docente el problema o los problemas más frecuentes de los estudiantes de piano?*

—Los estudiantes a menudo carecen de la capacidad de reconocer sus errores. En cambio, es importante, al estudiar, nunca dejar que imperfección algún pase desapercibido.

»Entonces es igualmente importante saber encontrar las causas y las soluciones, tal como lo haría un médico con un paciente. Incluso el tratamiento de los errores pianísticos necesita un "diagnóstico" y una "terapia". El maestro es un poco como un médico que ayuda a los niños a curar sus defectos por sí mismos, a mejorarlos y evitar que vuelvan a suceder.

»Otro problema frecuente es la tendencia de los alumnos a estudiar separando la música de la técnica;

o tocan como si estuvieran en un concierto, disfrutando de la música, pero sin prestar atención a todos los detalles necesarios para mejorar la interpretación; o piensan en aspectos técnicos únicos (igualdad, velocidad, claridad, etcétera) pero alejados del contexto musical. Ambas cosas no funcionan, ya que el estudio siempre tiene que conectar la música con su realización técnica.

»Por eso es importante entender el funcionamiento del piano y también de nuestro cuerpo y mente, para encontrar una técnica que esté lo más alineada posible con la música y con nuestra fisiología.»

—*¿Qué lo llevó por primera vez a conocer o estudiar el funcionamiento de la máquina del piano?*

—Desde que era niño, me gustaba el afinador de piano, Mauro Buccitti, que me explicaba cómo funcionaba la mecánica. Cuando llegaba a casa para afinar mi piano, me mostraba la mecánica y me explicaba cómo funcionan las distintas partes. Creo que todo joven pianista debe saber cómo funciona su instrumento, y en ese sentido es importante la comunicación directa con los técnicos afinadores. En algunos conservatorios italianos hay cursos académicos de afinación y mantenimiento de pianos. Son útiles, y en mi opinión, deberían ser obligatorios para todos los estudiantes de piano.

—*¿Pensó o se interesó alguna vez en aprender a afinar?*

—Traté de afinar; incluso más allá del oído, es importante saber cómo accionar la llave para afinar, de lo contrario, se corre el riesgo de dañar las clavijas y el somier. Es por eso por lo que siempre dejo esta operación a profesionales del sector, pero me gusta seguir su trabajo y muchas veces estoy presente en la puesta a punto, también para señalar mis necesidades particulares.

—*¿Cuáles son para Ud. los temas más importantes en la vinculación del pianista con el técnico, en especial antes de un concierto?*

—Es importante una relación directa entre pianistas y afinadores: muchas veces podemos aprender mucho, incluso sobre nuestra técnica, aprendiendo de los afinadores algunos detalles del funcionamiento de la mecánica y de la producción del sonido del piano.

»Asimismo, los afinadores necesitan comunicarse con los pianistas para comprender mejor sus necesidades particulares y permitirles expresarse de la mejor manera con una preparación adecuada de la mecánica y la entonación de los martillos. La afinación también se puede personalizar según el repertorio y las necesidades expresivas del pianista.

»Por ejemplo, cuando grabé las Sonatas de Mozart, solicité a los técnicos de los pianos Fazioli que afinaran el piano con el temperamento desigual de Vallotti, de moda en la Viena de finales del siglo XVIII, y que en mi opinión potencia más los cambios armónicos del lenguaje de Mozart que el moderno temperamento igual.

»Incluso los martillos se pueden "personalizar" en entonación, según el repertorio o el tipo de sonido que el pianista quiera lograr. Lo mismo se aplica al recorrido del pedal "una corda", a la distancia de los atrapes a los martillos y al escape, es decir, el punto en el que el martillo se separa de la palanca superior por acción del impulsador, un aspecto fundamental para controlar el sonido. Todas estas cosas deben ser conocidas y estar claras para todos los pianistas.»

STEFANO CUCCI
Pianista, docente y director de coro y orquesta
Roma, ITALIA
www.facebook.com/stefano.cucci.71
IG / @cuccistefano

—Mis cuarenta años de experiencia como maestro de piano me hicieron conocer a un número importante de estudiantes, jóvenes y muy jóvenes y me ha puesto en relación con las problemáticas y diversos problemas relacionados con diferentes tipologías de estudiantes con los que me enfrenté.

»Siempre he partido de la premisa de que cada músico que se prepara para afrontar el estudio de nuestro instrumento no puede ni debe ignorar su propia individualidad.

»La experiencia musical es un sistema complejo de conocimiento y emocionalidad, y el papel que juega el piano, como medio mecánico, es el de permitir a quien lo toca poder experimentar con enfoques múltiples y multi-sensoriales con la materia sonora.

»Y es aquí donde entra en juego la individualidad, entendida como morfología del cuerpo —con su complejo sistema muscular-neurológico—, y de la mente —con sus proyecciones y sus deducciones con el mundo de imágenes—, que constituye la base sobre la que el joven artista fundamenta su búsqueda de identidad.

»Se ha discutido mucho acerca de la prioridad de la técnica, entendida como resolución de problemas mecánicos, con respecto a la idea musical que no podría concretarse sin superar el límite al que la técnica misma está orientada.

»Creo que con la misma amplitud se ha demostrado con qué frecuencia problemas en apariencia mecánicos se pueden superar con la justa, medida y a veces excéntrica "idea" musical.

»Sin entrar en la lista completa de ejemplos, basta pensar en cuántas veces un pasaje que no se resolvía con la agudeza adecuada o no encontraba el equilibrio de pesos y timbres, de repente ha madurado cambiando la idea de fraseo, de su tensión melódica, de un acento rítmico que guía la dirección y posición de la mano.

»Dicho esto, el profesor de piano se encuentra en la necesidad de gestionar la individualidad del estudiante como artista y persona, los problemas de la relación entre su esquema corporal y la "máquina" del piano, su idea musical o al menos la parte expresada de esa idea —la no expresada, pero que se intuye, forma parte de la compleja relación interpersonal alumno-profesor—, el correcto respeto por el texto musical y su interpretación.

»¿En qué orden abordar un cuerpo tan complejo de problemas? Cada maestro, en base a su formación y su sensibilidad construirá "su" método, que no debe ser absoluto sino flexible en consideración a ese concepto de individualidad que hará de cada estudiante un mundo diferente y una oportunidad increíble para estudio e investigación en profundidad.

»Mi experiencia personal y las enseñanzas recibidas de mis maestros en largos años de estudio me llevaron a considerar la técnica pianística no como una muestra de fórmulas y sistemas útiles en cualquier ocasión sino como una búsqueda constante de soluciones nuevas y sobre todo ejecutables para el estudiante en relación con la morfología de su mano.

»En otras palabras, si es cierto que hay puntos fijos en la relación con el instrumento debido a la particular estructura mecánica del piano, es también cierto que la conformación de la mano, del brazo, el balance (equilibrio) general del cuerpo y la suma de las interacciones motoras de sus partes, sugieren diferentes enfoques técnicos que a su vez producen múltiples resultados musicales.

»También creo que es fundamental centrar la atención en el valor prioritario de la imaginación: solo una idea precisa, detallada y coherente del sonido precediendo al ataque de la tecla puede garantizar la calidad de su realización en el teclado.

»Es la inmutabilidad del sonido producido el límite de nuestro instrumento, y por lo tanto "sonar en la mente" no es retórica sino necesidad.

»Imaginar timbre, color, intensidad, fraseo, es la base de una buena interpretación. Es evidente que no podemos obviar conocer nuestro instrumento en su compleja estructura y saber cómo y cuánto es capaz de responder a nuestras solicitudes. Por lo tanto, es deber de un buen maestro estimular la curiosidad del alumno hacia aspectos constructivos del piano y sus posibilidades de respuesta a lo que requiere el ejecutante. Pero tocar el piano no es solo el resultado de un trabajo, aunque fundamental, de técnica y de análisis del repertorio.

»Lo que el maestro tiene delante es un individuo con su particular experiencia de la realidad, con su experiencia, con sus emociones, con sus propias inhibiciones, con sus tensiones no resueltas. Observar al alumno en el acto de tocar y tratar de comprender su manera de expresarse a través de la música es como entrar en su verdad. El piano se convierte en un espejo secreto, revela aspectos de otro modo inexplorados de su personalidad. Pone al descubierto sus debilidades y exalta sus virtudes.

»En mis lecciones de *Psicofisiología de la Interpretación del Piano* en el Conservatorio de Potenza (Italia), siempre he tratado de que el estudiante sea consciente de su propia gestualidad y señalar cuando un gesto no producía un resultado, sino que de hecho lo impedía. Así mismo traté de hacerles notar cómo la conexión idea-gesto, sonido imagen-acción mecánica era capaz de resolver problemas técnicos que la simple repetición no podría solucionar.

»Tratar de construir un círculo virtuoso de pensamiento-acción a partir del pensamiento de que el piano no es un enemigo al que hay que enfrentarse, sino un compañero de viaje en el maravilloso viaje de la música, este podría ser, quizás, un consejo útil para nuestros jóvenes pianistas.»

TOMAS DRATVA
Pianista y docente
Basilea, SUIZA
http://www.tomasdratva.com

—En la vida de un pianista siempre hay momentos en los que surgen preguntas fundamentales sobre el propio trabajo pianístico y la técnica de ejecución. Aunque todas las bases para una interpretación ágil, expresiva y virtuosa se establecen a una edad temprana, con el paso del tiempo surgen una y otra vez nuevos retos artísticos y pedagógicos, ya sea por las exigencias técnicas de ciertas obras, por cuestiones de salud o por los requisitos de los instrumentos que se van a tocar, por ejemplo, con los pianos históricos u otros instrumentos de teclado. Se trata siempre del uso adecuado del propio cuerpo y de la realización óptima de la propia voluntad creativa con respecto al sonido resultante.

»En su libro *"Al Piano"*, Manuel Fraga y Daniel Goldstein ofrecen una visión general de todos los aspectos técnicos de la interpretación del piano, así como de los requisitos mecánicos y las funcionalidades del piano como instrumento. Además, amplían la interacción del cuerpo y el instrumento para incluir el importante aspecto de la neuro-fisiología. Aquí, el camino desde la propia idea de sonido hasta el resultado artístico real se explica en todas sus facetas de forma tangible, comprensible y en el plano físico-neurológico.

»Desde mi punto de vista, la imaginación y la concepción del sonido están al principio de toda interpretación pianística intensa, colorida e imaginativa. Los estudiantes deben aprender a percibir los timbres y matices del sonido con sus propios oídos para poder realizarlos. En este sentido, es fundamental desarrollar la escucha además de la ejecución. La producción del propio sonido debe seguir siempre la propia imaginación auditiva. Tocar el piano es siempre explorar el sonido.

»El libro sirve como brújula para todos los pianistas. La complejidad de las secuencias de movimiento y las intenciones artísticas en la interpretación del piano se desglosa y describe. Este procedimiento analítico permite a los lectores reflexionar a fondo sobre su propia forma de tocar el piano, así como sobre los requisitos previos de la mecánica pianística, y también profundizar en su propia conciencia de hacer música y practicar. El libro también es útil para la enseñanza del piano a todos los niveles: los capítulos pueden utilizarse para analizar con objetividad el nivel técnico y artístico de los alumnos en todas las áreas. Esto puede ayudar a decidir qué deficiencias pueden superarse y de qué manera.»

ALEXANDER PANIZZA
Pianista y docente
CANADÁ - ARGENTINA
https://alexanderpanizza.com

—¿Por qué cree que es importante que en la enseñanza se incluya el funcionamiento de la máquina del piano y su relevancia en la interpretación?

—Me parece importante conocer el funcionamiento del mecanismo del piano por el hecho de que es un eslabón más de la cadena entre el pensamiento musical y la producción del sonido. Conocer en detalle sus características nos ayuda a entender con mayor profundidad nuestra propia técnica y a saber distinguir entre los elementos que aportan y otros que resulten superfluos.

—¿Por qué cree que es importante en la enseñanza el desarrollo de la técnica pianística y su relevancia en la interpretación?

—La distinción entre la técnica instrumental y la interpretación es el producto de un paradigma de pensamiento que pregona la comprensión de algo mediante la comprensión de sus componentes individuales. Con este fin, el primer paso para conocer algo sería de dividirlo en partes más pequeñas y analizarlas. En mi opinión, si bien esta metodología resulta eficaz y útil en ciertos campos —en un puente, un reloj o un avión, por ejemplo—, en otros resulta inapropiada ya que presupone que los componentes más pequeños son de alguna manera más simples y es fácil entender su funcionamiento en contexto del todo. Y esto no siempre es el caso. En el arte, la técnica y el discurso estéticos son casi inseparables y resulta imposible pensar en uno sin el otro. ¿Cómo lograr una interpretación convincente sin los medios técnicos para hacerlo? ¿Cómo evaluar lo bueno o malo de la técnica sin un parámetro interpretativo contra el cual juzgarla? Es por esto que considero que, no solo es importante la enseñanza de la técnica pianística, sino que no concibo manera pedagógica de enseñar ignorándola.

—*¿Cuál es su opinión en referencia a la unión del aspecto neurofisiológico con el manejo consciente de la mecánica del piano?*

—Como había dicho antes, si uno piensa en la cadena que conecta la intención o idea original musical con el sonido final que generamos, resulta importante conocer y entender con cierto nivel de profundidad cada eslabón. Un siguiente paso sería ver cómo mejor integrar cada aspecto para lograr una técnica efectiva y eficaz. Entender la mecánica del piano y dejar que esa comprensión influya en nuestra técnica es similar a la manera que el instrumentista de cuerda necesita entender el funcionamiento del arco para lograr los niveles más altos de rendimiento.

—*¿Cómo aplica en su estudio y en sus enseñanzas estos temas y cómo considera que influyen en su interpretación artística?*

—Siempre cuento dos anécdotas que me resultaron muy importantes en mis estudios. Ambas enseñanzas usaron el conocimiento del instrumento para transmitir algo vinculado a la técnica propia. La primera fue de Horacio Salgán. Tuve la suerte de tocar para él cuando tenía dieciséis años. Entre las tantas cosas interesantes que me dijo, al ver que mis dedos se articulaban mucho, me sugirió que simplifique el movimiento de ellos, para que actúen "como los martillos del mecanismo del piano", sin articular entre las falanges. No hacer esto "sería como usar un martillo con dos bisagras", insistió.

»La otra anécdota es del Maestro Roberto Caamaño, uno de mis grandes maestros en la Argentina. La primera clase me hizo notar que, si el martillo del piano golpea la cuerda con demasiada velocidad, el resultado es que los armónicos más graves de la cuerda no resuenan y por ende tenemos un sonido más latoso y agresivo. Son solo dos de las tantas enseñanzas que uno puede derivar del profundo conocimiento del instrumento.»

—*¿Qué ejemplo considera pertinente u oportuno mencionar de algún pasaje en alguna obra que pudo solucionar pensando en el mecanismo del piano?*

—Hay muchos ejemplos que puedo dar. Uno notable es de mi maestro Emile Naoumoff quien empezaba su transcripción de la *passacaglia* de Bach tocando el tema inicial con el mecanismo de escape del piano, permitiéndole lograr un sonido muy particular, *pianíssimo* pero muy presente. Esto solo se puede hacer en un piano de cola con un mecanismo de doble escape y que esté bien regulado. Consiste en bajar la tecla hasta sentir el punto de escape y, desde ahí, tocar con mucha velocidad. Otras situaciones donde resulta útil conocer el mecanismo del piano es cuando se quiere repetir notas sin que se corten o a gran velocidad.

—*¿Cuál es de acuerdo con su experiencia como docente el problema o los problemas más frecuentes de los estudiantes de piano?*

—Si bien resulta difícil identificar algo específico que afecte a todos los alumnos, diría que un problema recurrente es el de querer encausar nuestro estudio de técnica a ciertas nociones intelectuales que tenemos acerca del cómo hacer y no estar atentos a nuestra intuición y nuestro cuerpo cuando nos indica que el camino tal vez pase por otro lado. El dogmatismo ciego (¡y sordo!) a priori suele generar muchos problemas técnicos.

—*¿Qué lo llevó por primera vez a conocer o estudiar el funcionamiento de la máquina del piano?*

—Mi padre arreglaba y afinaba pianos y gracias a eso, pude ver el funcionamiento interior del instrumento desde muy joven. Y él siempre me insistía en la importancia de conocerlo.

—*¿Pensó o se interesó alguna vez en aprender a afinar?*

—Un poco por necesidad y otro por curiosidad, empecé a afinar mis propios pianos desde hace ya más de diez años. No solo afino, sino que cambio cuerdas y hago pequeñas regulaciones. Tuve la suerte de que el gran técnico Carlos Nery me enseñara mucho acerca de cómo hacer esto bien.

MIRTA HERRERA
Pianista y docente
ARGENTINA – Roma, ITALIA
mirtaherrera@gmail.com

—Creo que casi todos los pianistas hemos tenido un estudio muy limitado sobre nuestro amado instrumento y sus enormes posibilidades.

»El extraordinario libro de Daniel Goldstein y Manuel Fraga colma un vacío que dejaba muchas dudas y problemas no resueltos.

»La interpretación nace de nuestro conocimiento musical, experiencia de vida y fantasía, pero sería muy difícil poder expresarla sin tener una base técnica adecuada.

»Pienso que el último eslabón de esta cadena sea el conocimiento del instrumento, casi como continuación de nuestro cuerpo.

»Creo que así podríamos sentir la unidad y continuidad de ideas y resultados sin separarnos de quien nos permite lograr expresarlos.

»¡Mis felicitaciones y profundo agradecimiento a Daniel y Manuel.

»Con este libro nos han regalado herramientas para continuar nuestra constante búsqueda.»

RICARDO ZANÓN
Pianista y docente
General Roca, Provincia de Río Negro, ARGENTINA
https://www.facebook.com/ricardo.zanon.714
IG / @ricardo.zanon

—*¿Por qué cree que es importante que en la enseñanza se incluya el funcionamiento de la máquina del piano y su relevancia en la interpretación?*

—El mecanismo del piano, con sus palancas y pesos repartidos en sus distintos componentes, se asemeja al mecanismo utilizado por nuestro cuerpo para producir sonido a través de los dedos de las manos. Una vez conocido como se produce el sonido en el piano (por la bajada de las teclas, palancas, martillos, cuerdas, escapes, etcétera), podemos comparar ese mecanismo al que está en nuestros brazos y manos.

»Cuando se conoce cómo se produce el sonido en el piano (por la bajada de las teclas, palancas, martillos, cuerdas, escapes, etcétera), podemos comparar ese mecanismo al que está en nuestros brazos y manos.

»Luego, el mecanismo del piano nos ofrece un universo de calidades de sonido según utilicemos sus inabarcables posibilidades. Más o menos peso al bajar la tecla, más o menos presión, más o menos velocidad, liberar armónicos según sea necesario. En fin... Posibilidades que estarán a nuestra disposición según nuestro recurso técnico, nuestra imaginación y según el instrumento que nos ha tocado utilizar.»

—¿Por qué cree que es importante en la enseñanza el desarrollo de la técnica pianística y su relevancia en la interpretación?

—Si no hay un desarrollo importante de una técnica pianística resultará imposible lograr interpretaciones de obras relevantes de la literatura para piano. Lograr que, por ejemplo, una sucesión de sonidos en grado conjunto suenen de forma agradable (en lo que hace al sonido), con la articulación adecuada —sugerida por el compositor—, y con la dinámica precisa, debe ser una meta asequible. Esta y otras metas solo se lograrán con un conocimiento de nuestras posibilidades técnicas. Cuando no se logra, se debe reflexionar acerca de la técnica utilizada y promover los cambios necesarios para acercarse a ese objetivo, hasta lograrlo.

—¿Cuál es su opinión en referencia a la unión del aspecto neurofisiológico con el manejo consciente de la mecánica del piano?

—Es indispensable pensar en una unión sin fisuras. El lugar más seguro para un pianista es el teclado y nada mejor que incorporar una técnica —una manera de pensar el teclado—, que nos permita estar seguros allí.

—¿Cómo aplica en su estudio y en sus enseñanzas estos temas y cómo considera que influyen en su interpretación artística?

—Tuve etapas muy marcadas en mi época de estudiante. Empecé de muy pequeño a tocar el piano. Luego lo hice de manera consciente. Luego estuve bajo la dirección de maestras que me hicieron conocer una manera de tocar y sentaron las bases de mi técnica. Luego tuve una etapa deportista. Más adelante momentos de experimentación sonora. Durante ese tiempo tocaba en un piano vertical.

»Más adelante tuve la suerte de contar con un piano de cola. Luego, vuelta al vertical. Por fin, luego de reflexionar bastante sobre el asunto, comprendí que no era el piano —que a veces sí es el piano—, sino es uno el que debe llenarse de confianza y tener una técnica eficaz. Una vez entendido eso, solo es cuestión de tiempo. Sentarse y procurar resolver el pasaje, plasmar la intención adecuada con la sonoridad imaginada. Eso es lo que deseo.»

—¿Qué ejemplo considera pertinente u oportuno mencionar de algún pasaje en alguna obra que pudo solucionar pensando en el mecanismo del piano?

—Recuerdo con claridad dos pasajes. Uno de ellos: *Concerto in f* de Gershwin, comienzo de la intervención de piano, luego del trino del timbal. Consejo de la querida Dora Castro: "abrí el pedal de prolongación durante el trino del timbal así el piano ya está sonando cuando tienes que entrar". Es decir, levantar los apagadores y utilizar la liberación de todas las cuerdas así el piano suena por "simpatía" y ya participa junto a la orquesta antes de su intervención.

»El segundo ejemplo es en el último movimiento de la *Sonata en Si bemol Mayor, D.960* de Schubert. La octava tiene una indicación *forte-piano*. La solución me la brindó el recordado pianista y pedagogo Antonio "Nino" De Raco. Levantar de inmediato la octava al mismo tiempo que se baja y sube con rapidez el pedal de prolongación que junto con la mano que se apoya de nuevo sobre las teclas, permite que los apagadores apaguen la resonancia y solo queden actuando los apagadores correspondientes a las dos teclas de la octava. El efecto es maravilloso.

»Por supuesto, se pueden utilizar esos recursos y muchísimos más. Por ejemplo, utilizar el pedal de "una corda" y en vez de bajarlo por completo, bajar solo la mitad o un cuarto. El martillo en vez de golpear una sola cuerda golpea dos o una y una parte de la otra, logrando un color diferente. En fin. Hay muchos más.»

—*¿Cuál es de acuerdo con su experiencia como docente el problema o los problemas más frecuentes de los estudiantes de piano?*

—El problema más frecuente con el que se enfrentan los estudiantes de piano es no tener la frecuencia adecuada —dos o tres veces a la semana—, de contacto con el maestro que los guía. Esto implica realizar una práctica instrumental que, al principio, puede estar equivocada y para el próximo encuentro será necesario "desaprender" lo hecho.

»Otro problema es referido a la lectura musical. La correcta lectura implicará: ser fiel a la partitura y utilizar o experimentar con el recurso técnico adecuado. Podemos nombrar otros como por ejemplo como se relaciona el discípulo consigo mismo en el momento de intentar resolver una dificultad técnica. Puede haber distracciones y, por ejemplo, no utilizar una digitación que facilite el pasaje. En fin...en todo caso, cada estudiante presenta su personalidad y una enseñanza personalizada logrará resultados sorprendentes.»

—*¿Qué lo llevó por primera vez a conocer o estudiar el funcionamiento de la máquina del piano?*

—Curiosidad por saber que pasaba allí dentro. Luego y gracias a técnicos muy preparados, que me enseñaron algunos aspectos del mecanismo —Carlos Nery, Eduardo Blanco, Jorge Scarpello, entre otros—, ya pude sugerir cuestiones de peso, sonoridad y respuesta de mis pianos. Es un mundo apasionante.

—*¿Pensó o se interesó alguna vez en aprender a afinar?*

—No.

DIANA LOPSZYC

Pianista, clavecinista y docente
Buenos Aires, ARGENTINA
www.ciweb.com.ar/Lopszyc_Diana/index.php
IG @dianalopszyc

—Ser artista y maestro, es, *ser un comunicador con un muy alto grado de sensibilidad, responsabilidad y compromiso.*

»El artista tiene la misión de llevar las expresiones estéticas al elevado lugar en donde los límites materiales no existen, y darles el espacio de trascendencia que la obra de arte necesita para manifestarse en toda su plenitud.

»El arte es un idioma universal que no conoce fronteras, y es material propicio para desarrollar ideales espirituales que transformen y eleven al ser humano.

»La creatividad es uno de los aspectos más importantes en el orden del arte; es el saber transformar algo en otra cosa más bella.

»Así, la búsqueda de un artista y de un maestro debe ser dar un nuevo y mejor sentido a su mensaje. El artista debe mantener siempre la capacidad de asombro y expansión mental, y como maestro, debe enseñarlo desde los niveles más básicos. La enseñanza de la interrogación profunda también es una herramienta fundamental. Una obra de arte no puede tallarse a capricho, debe poder sostenerse con un basamento en el mensaje que se desea dar.

»Un tema muy importante es el esfuerzo sostenido para la obtención de resultados. En estos tiempos en donde todo es veloz, inmediato y efímero, se hace difícil hacer comprender a los estudiantes que el camino de *ser artista* no se logra de inmediato. Es preciso un conocimiento minucioso de la técnica, como también del instrumento. Es inconcebible que un artista plástico no conozca a fondo sus elementos de trabajo. Por supuesto, para un pianista no debería ser diferente: es necesario.

»Recuerdo a mi gran maestra Adela Marshall ya desde la primera clase enseñarme el concepto de unidad entre el pianista y el instrumento, y lo graficaba como un gran círculo de energía que fluía entre ambos. Afirmaba que este concepto era imprescindible para llegar al resultado de una verdadera obra de arte.

»Así también este magnífico libro *Al Piano – Mecánica y sonido* lo aborda como eje insoslayable. *Disciplina, método y autoconocimiento* son herramientas fundamentales para alcanzar la meta. Por lo general, cuando se menciona la palabra *disciplina*, se la asocia con características negativas. En realidad, es el *orden* necesario en la sucesión de ideas, y la *fuerza* para poder sostener un camino largo y arduo.

»El maestro debe acompañar e inspirar una búsqueda conjunta iluminando el camino, ayudando a auto-descubrir el artista que mora dentro del discípulo. Su tarea, por lo tanto, consiste en guiar y animar al estudiante a encender su propia antorcha. El maestro no inventa nada. A lo sumo, tiene la capacidad de interpretar las señales del camino que lleven esa búsqueda a buen puerto.

»Cuando se aprende a aprender, recién se puede descubrir el modo de enseñar. Propiciar el interés en el trabajo desde el interior no es sencillo. Por un lado, en el estudio de un arte se precisa una relación muy cercana con la *soledad*. El estudio metódico, riguroso y disciplinado así lo requiere. Pero lejos estamos de las épocas en las cuales se creía que el artista debía vivir aislado de la realidad circundante, abstraído en el estudio de su instrumento y desconectado de las circunstancias de la vida misma. El bagaje de experiencias que un artista lleve consigo, redundará siempre en beneficio de la calidad interpretativa. Quien desee dominar un arte, no puede hacerlo desde la superficialidad. Debe existir un gusto por el estudio profundo, acompañado de compromiso, paciencia y esfuerzo sostenido.

»Un artista no puede entregar algo de sí, sin tenerlo en abundancia en su interior. En consecuencia, parte del desafío es cuidar que ese interior sea próspero y generoso; y que, al dar, cada día se renueve en perfecta armonía. Por consiguiente, un buen maestro es aquel que logra que su discípulo sea "él mismo" y no la copia o imitación de alguien —incluyendo al mismo maestro—. En general, en el mundo del arte las imitaciones no son bien vistas.

»La realización de una obra de arte requiere humildad por parte de sus protagonistas —creadores e intérpretes—, tal vez porque, el verdadero protagonista es el arte mismo, y el artista es quien tiene la capacidad de "traer" la obra desde ese lugar inmaterial y etérico, a nuestra realidad perceptible. Estamos en un nuevo tiempo en el que es más importante *compartir que competir*, como asimismo *trascender en vez de enfrentarnos*.

»Debemos enseñar y saber que la perseverancia en el camino correcto dará sus frutos en su momento. Aunque a veces los resultados inmediatos no sean los esperados *El arte tiene otros tiempos que el mundo cotidiano.* Y siempre nos remontará a la búsqueda de la elevación del espíritu, la perfección divina y la eternidad.»

Algunas preguntas y respuestas

—*¿Qué ejemplo considera pertinente u oportuno mencionar de algún pasaje en alguna obra que pudo solucionar pensando en el mecanismo del piano?*

—Toco el piano desde muy niña, y por intuición cada vez que estaba frente a uno, hacía una veloz evaluación de lo que necesitaría saber de ese instrumento y así poder hacer frente a las exigencias de la obra en cuestión.

»Con el paso del tiempo fui profundizando y expandiendo más esos conocimientos. Esto me ha sido de gran utilidad en mi vida profesional, ya que muchas veces hay muy poco tiempo de ensayo con un piano antes de un concierto, y hay que lograr un panorama de los recursos y posibilidades que nos ofrezca y optimizarlos al máximo.»

—*¿Qué la llevó por primera vez a conocer o estudiar el funcionamiento de la máquina del piano?*

—Recuerdo de niña, el mágico momento en que venía el técnico a afinar el piano de mi madre y a hacer los ajustes necesarios a la máquina. Yo me quedaba maravillada observando toda la tarea, muy atenta y silenciosa para no distraerlo, mientras iba analizando y guardando en mi mente esa información. Luego, fui ganando su confianza y comenzó a explicarme cuestiones básicas. Con el tiempo ya fue un vínculo de consulta permanente que incidió de manera extraordinaria en mi profesión.

—*¿Cuáles son para Ud. los temas más importantes en la vinculación del pianista con el técnico, en especial antes de un concierto?*

—Considero que en principio es necesario haber hecho de manera conjunta un relevamiento de las necesidades inherentes al instrumento, con el objetivo de desarrollar de manera satisfactoria el concierto.

»Las mismas van desde afinación precisa, tímbrica, respuesta mecánica, como también el perfecto funcionamiento de los pedales. »

FERNANDA MORELLO
Pianista y docente
Buenos Aires, ARGENTINA
www.fernandamorello.com.ar

> *The book of love is long and boring*
> *No one can lift the damn thing*
> *It's full of charts and facts, and figures*
> *and instructions for dancing*
>
> Peter Gabriel

—El camino del piano está lleno de vicisitudes y de revelaciones. Curvas pronunciadas que nos asustan y requieren que ajustemos nuestros cinturones de seguridad; horas felices de paisajes sonoros que nos consuelan; preguntas que logramos responder luego de muchas idas y vueltas; más preguntas que quedan sin respuesta...

»En este libro de Goldstein y Fraga, hay una profunda y generosa entrega. Una voluntad de ayudar y de acompañar, a quienes se atrevan a aventurarse en este viaje, aportando lucidez, lógica y la tranquilidad de lo prolijo.

»Me siento honrada de ser convocada a hacer algún aporte.

»Los pianistas somos una rara mezcla de artistas y artesanos. De mecánicos y filósofos. No soy original: creo que la base de todo reside en el autoconocimiento.

»Es así que reconocernos como *intrínsecamente intuitivos* va a ser indispensable para ir en busca de la racionalidad metódica; o, del mismo modo, reconocernos como *estructurados* nos llevará en búsqueda de lo poético.

»Entender el instrumento y su funcionamiento es un ejemplo de cómo "acortar camino" en algún "pasaje". Conocernos nos muestra cómo compensar tendencias de nuestra idiosincrasia. Lo mismo se multiplica si hablamos de nuestro cuerpo: de lo anatómico y fisiológico que constituye el universo de lo háptico y su aplicación al piano.

»No todos los cuerpos son iguales. No todas las manos son iguales. Lo laxo, en general, se opone a la fuerza; la potencia, a la sutileza. En mi opinión, existe un correlato entre el texto musical y el texto "corporal" que se ligan para lograr un discurso sonoro. Llamo a esta interrelación una "gramática de la música que espeja una gramática del cuerpo". Entender ese sistema de espejos, nos lleva una vida entera... y ahí vamos.

»En mi práctica personal, he encontrado que llevar un diario de estudio me ha permitido tener registro de ciertas constantes, y por consiguiente procurar la solución a ciertos problemas.

»Recuerdo —ya que me piden algún ejemplo personal— cómo, después de meses de estudiar *Ondine*, de Ravel, me di cuenta de que el tono muscular requerido para afrontar el largo tremolado pianísimo es análogo al tono muscular que tenemos al nadar. Flotar en las teclas. Después de todo, Ravel no deja de ser un poeta...

»Con respecto al acercamiento al instrumento *per se*, me parece que conocer los principios físicos y mecánicos de la construcción de nuestro instrumento es importantísimo. No obstante, en lo personal, me resulta más cercana la idea de entablar un diálogo en busca de un encuentro amoroso. Es indispensable saber las nociones del doble escape, de la media tecla, de los distintos toques, de la correcta pedalización. Pero los pianistas tenemos, una y otra vez, que transitar un camino de "primera cita". Tocar un piano en el que luego haremos un concierto es como conocer a otra persona. Vamos a dialogar, podemos ir en busca de algo preconcebido... o aceptar lo que buenamente tiene para darnos. A veces nos sorprende cómo un teclado áspero o pesado, de recorrido rápido o lento, termina entrando en una sintonía mágica e inexplicable con nuestras manos, otorgando la vivencia clara de la música como espíritu sonoro. Otras veces, el mejor de los pianos no consigue que una frase sea conmovedora.

»El camino es infinito y, en el tramo que recorremos aparecerán maestros y colegas que nos ayudarán a encontrar respuestas. Construir un puente entre la disciplina y el amor sintetiza mi objetivo como docente y artesana del sonido.»

10.

TÉCNICOS

ARLAN HARRIS
Técnico de piano
Piano Technician's Guild of America - Master Crafts-
man #8786 (New York Chapter 101)
ESTADOS UNIDOS DE NORTEAMÉRICA
https://www.arlanharrispianoservices.com

—*¿Considera que existe una suerte de desvinculación de algún tipo entre técnicos y pianistas?*

—He descubierto que, si existiera algún tipo de problema o si el pianista no conoce la nomenclatura de los componentes, partes o procesos del trabajo técnico en un piano, podemos encontrar la forma de lograr el resultado deseado.

»Puedo explicar y describir las múltiples opciones que tenemos. Muchas veces sucede que debemos preparar una octava con un ajuste alterado, también con una entonación específica para demostrar la variedad de opciones con las que cuenta el pianista para sus decisiones.

»Si es necesario, se pueden escuchar fragmentos de grabaciones que elija el pianista y se escuchan para comprender qué es lo que el artista está escuchando y el concepto que persigue.

En mi opinión, cuando un pianista y un técnico no se entienden a menudo es por dos razones: diferencia en el concepto de tono, sensación táctil de la maquinaria o ambas cosas. Cuando estas diferencias existen, el técnico debe respetar las preferencias del pianista o el dueño del instrumento y hacer todo lo posible para complacerlos en sus preferencias dentro de un marco lógico.

»Aunque el fabricante del piano provee especificaciones, instrucciones y diseña el instrumento con una personalidad y carácter específico, los técnicos tenemos la habilidad de cambiar o alterar ciertas especificaciones con el fin de darle un toque y un estilo personal para el artista. Siempre podemos revertir lo que hemos alterado a menos que se modifique la geometría de la máquina, y en algunos casos estaríamos contemplando un costo económico y laboral más elevado.

»A mí me gusta comparar la relación entre un pianista y un técnico a la dinámica de trabajo entre el equipo técnico de mecánicos de autos de carrera con el conductor. Tanto el conductor de auto de carrera y el mecánico son importantes y trabajan juntos en equipo. Casi siempre la respuesta del conductor es crítica, de ese modo pueden analizar el auto y hacer cambios necesarios para que el auto sea más cómodo para el conductor y este pueda hacer un trabajo más eficiente. Pensaría que tanto el conductor como su equipo técnico reciben reconocimiento y satisfacción del público cuando lo merecen.

»Otro ejemplo que utilizo es la relación entre un piloto de avión y los mecánicos. Los pilotos de avión pueden pilotear un avión, pero tienen conocimiento limitado de mantenimiento aeronáutico, y los mecánicos de aviones conocen poco sobre volar un avión. Sin embargo, trabajan juntos para asegurar un vuelo seguro, cómodo y placentero para el piloto y los pasajeros.

»Los técnicos están en el negocio de servicio y mantenimiento. Yo disfruto servir al pianista y trabajar con pianos. Cuando el técnico comprende lo importante que es dar un servicio que sea placentero la mutua interacción se convierte en un verdadero placer y como equipo se comparten las mismas metas y el mismo apego. Esto se refuerza cuando nos referimos a situaciones de grabación con un productor, ingeniero y pianista y a veces con otros músicos que están participando en la grabación o cuando surge la necesidad de integrar al técnico. A veces el técnico no es requerido durante la grabación o parte de la producción. Uno sabe cómo y cuándo ser o no ser visto u oído.»

—*Según su experiencia, ¿cuál es el nivel promedio del dominio de la nomenclatura del instrumento por parte de los pianistas? En otras palabras, ¿saben los pianistas explicar desde la técnica y con precisión qué problemas puede presentar un piano?*

—He trabajado para muchos pianistas que saben qué preguntar y qué quieren de su piano. Cuando los pianistas viajan, tocan muchos pianos y saben qué esperar de ellos.

»Muchas veces piden ciertas especificaciones, otras veces prefieren que se alteren las especificaciones de fábrica de la máquina, o tienen algunas preferencias como resortes más tensionados, con el fin de tocar con más rapidez, o con resortes menos tensionados con el fin de tener una sensación de mejor control sobre la nota.

»A veces solicitan distintas alturas de atrape, otras veces prefieren ajustar los apagadores de manera tal que suban rápido o suban lento, lo que influye en la sensación del peso de la máquina y afecta el funcionamiento de los apagadores. A veces prefieren un tono más redondo, suave y delicado o un tono brillante y agresivo para que se los escuche con una orquesta sinfónica de cien músicos.

»También se puede cambiar la entonación cuando se está utilizando el pedal de la izquierda —una corda—, de tal manera que se puede tener una entonación distinta de la posición normal o lograr un tono más sutil. Algunos pianistas prefieren la extrema profundidad de la tecla y otros prefieren una distancia menos profunda. Aunque los fabricantes tienen sus especificaciones, nosotros podemos provocar pequeñas alteraciones para satisfacer al pianista.

»Por ejemplo, años atrás vendimos un piano a un teatro en Kansas City y Lang Lang fue invitado a inaugurar el instrumento. Tomé un vuelo un día antes para preparar el instrumento y adaptarlo a la acústica de la sala, trabajar el tono y otros detalles, así como en el teatro se solicitó también que permaneciera detrás del escenario durante el concierto. Cuando el Maestro Lang probó el piano solicitó cambiar la distancia de bajada de las teclas ("calada"), y prefería que elevara la línea de los martillos. Me dieron una hora y media para hacer los ajustes. Esa noche su recital fue fabuloso. Me sorprendió que siendo un extraordinario *showman*, esa noche mostró su lado más delicado y sensible.

»A la mañana siguiente tuve que afinar el piano e igualar el sonido al piano del teatro para una *masterclass* que Lang Lang daba a un grupo de estudiantes de una escuela de la zona que había sido elegida para esa clase especial. Me impresionó también lo paciente y atento que era con todos estos estudiantes. Era la segunda vez que trabajaba para Lang Lang, antes lo había hecho para el Teatro Municipal de San Pablo Brasil.

»Algunos pianistas tienen previsto por anticipado en sus contratos detalles como la altura de la afinación (A442-A441-A440), detalles de la máquina, entonación y hasta detalles en los pedales. Esto no sucede siempre, aunque sí en ocasiones. Muchas veces, de acuerdo al género y al repertorio, el técnico tiene una mejor idea de lo que el pianista necesita. Desde lo personal me gusta escuchar con anticipación una grabación del artista y de lo que tocará para tener una mejor idea de cómo preparar el piano. En el caso de una sesión de grabación del pianista, me gusta conocer cuál es su concepto, qué es lo que trata de expresar y trabajar con esos elementos. Este es un buen comienzo.

»En mi experiencia la mayoría de los pianistas encuentran la manera de explicar lo que quieren o piensan que necesitan, pero a veces no saben cómo lograrlo. Muchos pianistas se ven presionados por este conflicto. He trabajado con pianistas de primer nivel que sí saben lo que quieren y solicitan algo específico. La mayoría de ellos tienen una muy buena relación con su técnico de piano y han tenido con ellos frecuentes conversaciones acerca de la tecnología del piano y la nomenclatura.

»La mayoría de los técnicos profesionales saben qué preguntar después de escuchar al pianista y pueden ofrecerles opciones, sugerencias y uno o dos planes para lo que necesiten.

»Por supuesto, el piano debe estar a la altura de lo que solicitan. Además, muchas veces el presupuesto limita algunos pedidos y se hace difícil satisfacer el pedido, pero no imposible. Los técnicos tenemos técnicas y varios métodos con los cuales podemos tomarnos algunas libertades y saltear algunos pasos para llegar a un resultado similar, por lo menos por un corto plazo hasta que se puedan aplicar los protocolos usuales.»

—*¿Considera que un pianista debería saber algunos rudimentos de afinación, calibración o reparación, al menos de cuestiones menores?*

—No creo que sea en absoluto esencial. Algunos pianistas cuidan mucho sus manos y prefieren no interferir con la máquina, cambiar una cuerda, ajustar un pedal, ni siquiera ajustar una nota desafinada. Puedo entender eso. Algunos pianistas prefieren enfocarse en su trabajo y esperan que el técnico mantenga el instrumento en óptimo nivel. Sólo quieren sentarse a tocar.

»Otros tienen curiosidad acerca del funcionamiento del instrumento y tienen un deseo de aprender y hasta de adquirir conocimientos básicos para solucionar problemas menores en su casa o en sus giras.

»En lo personal, creo que es beneficioso para un pianista tener algunos conocimientos. Y esto es más importante en aquellos que viajan de gira y tienen que tocar en un piano que no es el de ellos o que nunca vieron y no pueden contar con su técnico personal o de confianza.

»Hay todo tipo de personalidades en este oficio.»

—*¿Cuál es para usted el aspecto más difícil de la afinación?*

—La respuesta varía de acuerdo a la cantidad y variedad de pianos que el técnico haya afinado.

Estoy seguro de que un técnico principiante encuentra muchos aspectos de gran dificultad mientras que un técnico experimentado encuentra uno o dos. Después de muchos años de experiencia afinando pianos, uno descubre que, aunque a veces la tecnología pianística es frustrante para los que comienzan, a medida que progresan y obtienen experiencia la mayoría de las dificultades se transforman en desafíos.

»Mi experiencia como instructor de tecnología pianística me ha obligado a dar una mirada detallada de las bases de la afinación, tal como las aplico en mi trabajo.

Tengo que simplificar en detalle para explicarle a un alumno principiante o a un alumno intermedio "qué", "cómo" y "por qué" hacemos las cosas así.

»Podría decir que para un alumno que está aprendiendo a afinar un piano, el aspecto más difícil es girar la llave de afinar y mantener la clavija estable. Por sobre todo producir una afinación estable. No hay una sola manera de afinar para lograr estabilidad. También hay que considerar que cada clavijero tiene la madera con características muy personales y aun las de la misma marca difieren unas de otras. Los clavijeros están hechos de capas de madera firme y la madera es una substancia viva que cambia con la influencia de la humedad, presión de las clavijas y tensión en las cuerdas. Hasta hay diferencias en los cortes de madera de diferentes árboles. Entonces uno debe sentir qué cosa funciona mejor para un piano determinado con el fin de obtener una sólida y estable afinación.

»Otros factores afectan la estabilidad de la afinación, como el juego lateral de los pernos del puente, la elasticidad de las cuerdas, presión en los pernos, la marca de los pernos, el soporte de la placa de hierro o "arpa" y algunos temas de la placa, como cuando los orificios por los que pasan las clavijas están muy juntos, la posición de la placa, emparejamiento del clavijero a la placa, la entonación y/o el tamaño de los martillos, y por supuesto ¡la paciencia!

»Hay más de doscientas clavijas en un piano, y después de un buen trabajo deben quedar todas estables y las cuerdas afinadas. Al principio puede llevar horas afinar un piano. Rapidez, eficacia y perfección se logran con experiencia y práctica.

»Por fortuna, a esta altura de mi carrera me siento muy cómodo afinando un piano. Sin embargo, el mayor desafío ahora para mí es encontrar el mejor estilo para la personalidad del piano y para la música que se va a tocar. Es esa área gris a la que me refiero cuando hablo de tecnología pianística. Puedo cambiar la afinación y adecuarla a la pieza musical o al piano y esa flexibilidad produce una gran diferencia en pianistas y oyentes.»

—*¿Cuál es el aspecto más difícil de la regulación?*

—Diría que el aspecto más difícil al regular una máquina es lograr el grado más alto de consistencia de una nota a otra. Otro aspecto difícil es mejorar la geometría de la máquina. La dificultad reside en que el trabajo requiere un conocimiento profundo de la geometría de la máquina, algo de física, algo de ingeniería, habilidad para trabajar la madera, algo de mecánica y un alto grado de sensibilidad en los dedos para sentir cambios sutiles cuando se hacen ajustes en cada nota. También se requiere mucha paciencia, pues todo lo que haces lo debes hacer ochenta y ocho veces.

»La máquina de un piano contiene muchas partes móviles que requieren ajustes periódicos. Los pianistas tocan mejor cuando las ochenta y ocho notas funcionan de la misma manera, se sienten de la misma manera y cuando se llega a lograr un alto nivel de consistencia desde la primera tecla a la última. También un nivel alto de consistencia en la mecánica y estabilización de la fricción le provee al pianista una seguridad que posibilita que con sus habilidades personales se destaquen los colores y texturas del sonido con mayor efectividad y sin esfuerzos. También se hace más fácil tocar pasajes rápidos y trinos, lo que ayuda al artista a enfocarse más en la música que en el instrumento. Esta es nuestra meta como técnicos: que el pianista sienta el instrumento casi "desaparecer" y sentirse "uno" con la música.

»Un gran maestro de música con quien tuve la fortuna de estudiar, el gran Stanley Spector, solía decir que "el músico y la música necesitan ser una unidad, una sola cosa". Esto corrobora el hecho de que al tener un instrumento funcionando con un alto porcentaje de predictibilidad y consistencia en el tono y el toque, los pianistas pueden enfocarse más en la música y menos en el instrumento.

»Hay algunos maravillosos inventos que ofrecen al pianista opciones menos costosas para personalizar la máquina de forma exclusiva. Además, algunos fabricantes de pianos como *Mason & Hamlin* han desarrollado partes que son intercambiables y ajustables, como partes de peso reducido y ajustes variables, lo que en mi opinión resulta revolucionario. Ahora contamos con la "barandilla", conocida como *touchrail*, creada por el técnico Scott Jones de *Pitchlock Inc.*, que controla el peso de cada nota sin interferir con la velocidad de la tecla cuando se eleva.

»David Stanwood de *Stanwood Piano Innovations* también ha hecho una gran contribución en este campo. En otros tiempos Bill Spurlock contribuyó como inventor de varias plantillas y herramientas para taller perfeccionando los métodos de control de peso en las máquinas. Hay muchos inventores y desarrolladores, pero estos nombres son los que se escuchan más en nuestra industria junto a otros talentos. También se han utilizado imanes en algunas máquinas para reducir fricción y aumentar su eficacia.

»Si bien la regulación requiere tiempo se puede hacer en un día con excelentes resultados, siempre y cuando no haya que reemplazar componentes en la máquina.

»La geometría cambia cuando se reemplazan piezas, y este trabajo puede llevar de veinte a cuarenta horas, dependiendo del piano y lo que haya que hacer. Esto sería una regulación completa con geometría a medida y mejoramiento en las especificaciones. Una buena regulación es la base fundamental para que un pianista logre un nivel de calidad y nivel artístico difícil de obtener en un piano que no se ha regulado.»

—*¿Cuál es el problema de afinación más frecuente en los pianos?*

—La cuerda del piano debe tener estabilidad y todos los puntos de contacto deben estar correctos. Muchas veces los clavos del puente están sueltos o el contacto entre las cuerdas y los clavos del puente no es el ideal. Los clavos del puente transfieren la vibración de las cuerdas a través del puente a la tabla de resonancia.

»Los agrafes y el "capotasto" (*Capo d'Astro*) deben proveer un perfecto y entallado ajuste y estar en buenas condiciones.

»Parece obvio también las cuerdas pueden ser un problema. Muchas veces las cuerdas presentan algún tipo de daño que crea un sonido falso o vibraciones no deseadas. La oxidación de las cuerdas es un problema. Las cuerdas, como otros componentes del piano, tienen vida limitada porque se deterioran y deben reemplazarse.

»Por lo general los técnicos de piano aconsejan al dueño de un piano, cuando creen que necesita reemplazo algún componente o alguna parte del piano.

»A veces se producen frecuencias o sonidos no deseados cuando los apagadores no están regulados, no están ajustados o están muy usados y en malas condiciones. Esto puede interferir con la afinación cuando los apagadores no frenan las cuerdas. Tenemos algunos trucos, como poner una felpa o una almohadilla en el área afectada o en una nota específica para opacar los armónicos indeseados, y así el afinador pueda continuar su rutina de trabajo. Otro truco para eliminar un falso armónico es mover la cuerda de la nota un poco a la derecha y luego a la izquierda en la zona del capotasto. La cuerda puede "masajearse" en diferentes lugares y ser elevada tanto en el área cerca del agrafe o del capotasto.

»Contamos con muchos otros recursos y soluciones. Un calendario actualizado con detalle de la frecuencia de afinación y cuidado del piano produce estabilidad y estado óptimo del instrumento.

»Cuando los pianos no se afinan con la frecuencia adecuada el tono cae y en ambientes de mucha humedad el tono sube y cambian los puntos de contacto de las cuerdas. Me refiero a los agrafes, capotasto y las puntas del puente. Los puntos de contacto de las cuerdas entre las puntas del puente y los enganches de las cuerdas en el extremo en que están en contacto con la placa o "arpa" no afectan el sonido de manera significativa, pero sí pueden hacerlo cuando las cuerdas doblan hacia arriba alguna punta de enganche. Además, cuando un piano no ha sido afinado en su tono o altura habitual se pueden alterar o pueden aparecer nuevos puntos de contacto, y entonces cuando al piano se lo sube o baja a su tono habitual pueden producirse tonos falsos o sonidos no deseados, lo que incomoda y dificulta el trabajo.

»Tenemos algunas técnicas para remediar la cuestión de los sonidos falsos, pero ese es otro tema de discusión. Puede ser muy problemático para un técnico de conciertos trabajar sobre pianos en un teatro donde se soliciten y con mucha frecuencia cambios de tono a pedido, pues se lleva a las cuerdas a nuevos puntos de contacto y estos puntos de contacto pueden torcerse o abollarse y tender a crear falsos sonidos a largo plazo.

»Otro problema son las condiciones del ambiente. Parece obvio que si el piano está localizado cerca de una ventana abierta, cerca de una salida de calefacción o cerca de una corriente de aire, se vuelve casi imposible mantenerlo afinado.

»Una vez, en mis comienzos, me llamó un distribuidor de pianos en New York para afinar pianos en su depósito. Era la primera vez que trabajaba para esta distribuidora y desconocía las condiciones del depósito. Cuando llegué el lugar estaba a temperatura de congelamiento, en medio del invierno y sin calefacción. La calefacción se había descompuesto la noche anterior, y tuve que afinar los pianos con guantes pues mis dedos se pegaban a las teclas del frio.»

—*¿Cuáles son para usted los temas más importantes en la vinculación del pianista con el técnico, en especial antes de un concierto?*

—Soy Técnico de Pianos de Concierto. En mi opinión, un técnico de pianos de concierto debe poseer el más alto nivel de conocimiento, habilidades, creatividad y talento. El trabajo requiere contar con todos los recursos que tenga el técnico: velocidad, agilidad, ingenio, habilidades para interrelacionarse y la mentalidad de un doctor en una sala de emergencia. Hay momentos en que suceden situaciones inesperadas en este oficio.

»Primero hay que asegurarse de hacer todo lo posible para que el piano responda de manera apropiada para la acústica, la música que se va a interpretar y el músico. Tenemos que hacer lo posible para que el piano sea llevado al estudio o al teatro con la suficiente anticipación para facilitar su estabilidad. A veces esto no sucede y al piano se lo muda el mismo día del concierto. Hay ciertas cosas que hacemos y aprendemos para salvar esta situación y tratamos de trabajar junto con el resto del personal del teatro para estabilizar la ambientación de la sala. Cuando se trata de un piano que ya está en el teatro es más fácil, pues se puede planear una inspección del piano antes del concierto.

»El piano tiene que estar listo para el pianista apenas éste llega a su práctica o ensayo, y a veces sólo veinte minutos antes de entrar a escena. El técnico debe lograr que el pianista se sienta confiado y seguro de que el piano está preparado para el concierto, y una vez que el pianista prueba el instrumento el técnico se asegura de que el artista no tenga otros requerimientos.

»El técnico debe revisar la banqueta, cerrar y bloquear las ruedas, revisar la altura de la tapa, colocar el atril si fuera necesario, y otros detalles que se preparan en una lista de control. Y esta es la oportunidad que tiene el pianista de solicitar cualquier cambio o mejoramiento. Me gusta darle al artista mi teléfono personal en caso de emergencia.

»La mayoría de las veces entre la sesión de práctica y poco antes del concierto es cuando el técnico actúa como un médico de emergencia para solucionar problemas de último momento. Uno va desarrollando un sentido especial de lo que el músico prefiere y qué cosas no decir para evitar molestias. Me gusta permanecer alejado mientras el pianista encuentra su espacio para relajarse, ensayar y prepararse para su puesta en escena. La mayoría de las veces me piden que me quede detrás del escenario para retocar el piano durante el intervalo. Otras veces me piden que me quede hasta el final del concierto, en especial si es un concierto de piano solo. A veces entono el piano durante el último ensayo, otras veces vuelvo a hacerlo para la apertura y en el intervalo.

»Me ha sucedido tener que buscar hielo para una artista al que se le torció su pie minutos antes del concierto, correr a buscar una aspirina y hasta ir a buscar spray para arreglar el cabello de una pianista. Estoy en el negocio del servicio al cliente y a veces hay que ir más allá de lo establecido para que el pianista se mantenga relajado. Lo mismo cuando se trata de grabaciones. En el caso de conciertos al aire libre la frustración es para el técnico que debe afrontar muchos elementos de vulnerabilidad e inestabilidad del medio ambiente. En ese caso es más probable que el músico deba traerme una aspirina a mí.»

JUAN ALBERTO SCHULTIS
Técnico de piano certificado por la *Piano Technicians Guild* (PTG) como *Registered Piano Technician* (RPT, 2014), y aceptado como miembro de la *Master Piano Technicians of America* (MPT, 2015).
Buenos Aires, ARGENTINA
htttps://www.schultispianos.com.ar

—*¿Considera que existe una suerte de desvinculación de algún tipo entre técnicos y pianistas?*

—Quisiera llamar la atención que soy de Buenos Aires, Argentina. Por lo tanto, todas mis respuestas serán de un técnico que tiene basada su experiencia en estas latitudes.

»Si señalo esto es porque he tenido la oportunidad de conocer otros países, talleres, técnicos, organizaciones del trabajo, que me permitieron encontrar grandes diferencias con lo realizado en uno y otro lugar.

»Respondiendo la pregunta, considero que no es fácil el vínculo del técnico y el pianista. Tal vez el problema más difícil sea el del lenguaje. Es lógico que ambos participantes frente al piano, el pianista y el técnico, posean lenguajes diferentes. Pero considero que es tarea del técnico comprender e indagar qué es lo que desea manifestar el pianista.

»En situaciones normales es así. En momentos previos al concierto, por ejemplo, tal vez se dificulta aún más, por la situación de máxima exigencia que se vive ante un evento de esa magnitud.

»Considero que el aspecto más importante es la necesidad de comprender que hay un trabajo en equipo entre ambos. Ambos se necesitan y complementan. De todos modos, como técnico, siempre tuve claridad de que nuestro trabajo es ponernos al servicio del pianista. Y, dentro de los límites que permiten el piano, la sala, las circunstancias, haremos todo lo posible por complacer al pianista, al artista.»

—*Según su experiencia, ¿cuál es el nivel promedio del dominio de la nomenclatura del instrumento por parte de los pianistas? En otras palabras, ¿saben los pianistas explicar desde la técnica y con precisión qué problemas puede presentar un piano?*

—Justo ese es el problema al que me refiero en el punto anterior. No se trata sólo de la nomenclatura. Sino del conocimiento del mecanismo, sus partes, cómo se llaman. Es muy importante que ambos puedan expresarse con corrección. Si eso no sucede, es tarea del técnico comprender al pianista. Si, por ejemplo, el pianista dice esta nota o este sector suena más brillante que otro, indagar a qué se está refiriendo. ¿Qué es más brillante? ¿Es todo un sector o sólo algunas notas?

»Lo mismo si dice, lo siento pesado. O no me repite bien. En fin, no todos los pianistas requieren el mismo tipo de respuesta mecánica y sonora de un piano. Es tarea del técnico saber comprender qué está buscando el pianista, qué está necesitando e incorporarse, en un trabajo en equipo, a la búsqueda en común con el pianista.»

—¿Considera que un pianista debería saber algunos rudimentos de afinación, calibración o reparación, al menos de cuestiones menores?

—Soy un convencido de que el pianista debe saber más que rudimentos. Es indispensable que el pianista conozca su instrumento. Las posibilidades y las limitaciones. Y ni hablar, que, si de pianos de Conciertos se trata, debe conocer antes el instrumento en que va a tocar. Que no será igual al que está acostumbrado. Tendrán distintos pesos, distintos tipos de toques, distintas respuestas sonoras frente a un toque que el pianista está acostumbrado.

»En fin, de la misma manera los afinadores debiéramos saber algo de música y tocar el piano. Nos ayudará a comprender mejor nuestra tarea y podremos ponerle mejor el oído al pianista.

Sólo una anécdota de un alumno mío. Me cuenta que, en Europa, no se pudo realizar un Concierto porque había caído un lápiz dentro del piano. Y ¡nadie sabía cómo sacarlo! ¿No sería útil que los pianistas conocieran un poco más su propio instrumento?»

— ¿Cuál es para usted el aspecto más difícil de la afinación?

—Es complejo aprender a afinar pianos. Pero, basado en la experiencia de dar un Curso de Afinación, antes presencial, ahora online, puedo asegurar que el 100% de las personas aprenden a escuchar la base de la afinación aural de pianos. A saber: qué armónicos debemos escuchar al afinar un determinado intervalo y, cuanto debe oscilar, cuánto debe batir ese determinado intervalo. Nuestra afinación se basa en los batimentos.

»Luego se tratará de estudiar, investigar, practicar, practicar, practicar. Aprender que dos pianos no pueden ser afinados de la misma manera. Que dos oídos no escuchan lo mismo. Y eso sólo se logra con la experiencia. En fin, comprender que salen dos muy buenos pianos de la fábrica y deberán ser afinados por separado. No se le puede imponer la afinación de un piano al otro. Eso lo da la experiencia.

»Como así también la experiencia es la que nos acerca a, tal vez, el problema más difícil. Al uso de la llave de afinar. Si uno dividiera un ángulo recto en doscientas partes, nos dará la idea de cuán pequeño es, la mayor de las veces, el movimiento de la llave de afinar. Se requiere de mucha práctica, experiencia, para lograr, lo que los técnicos denominamos "clavar la afinación". Es decir, lograr que la afinación sea estable y duradera.

»Lo difícil es comprender que no basta ver una luz, un led, una aguja que se ponen en cero y considerar que la afinación está correcta. Se requiere de mucho estudio, de práctica, de experiencia, para comenzar a darnos cuenta lo difícil que es afinar pianos.

»Mi satisfacción enorme, al ser un docente de la afinación de pianos, es darme cuenta de que un alto porcentaje de pianistas, de técnicos, de hobbistas, pueden superar su nivel de comprensión y conocimiento de la afinación de pianos. Se logran progresos notables.

Una vez más, considero que este aprendizaje amplía la posibilidad de conocer el piano por dentro.»

—*¿Cuál es para usted el aspecto más difícil de la regulación?*

—La regulación, también es compleja. Además, tenemos dos tipos de pianos. Los verticales y de cola. Pero, además, cada fábrica tiene algo distinto en su construcción. Pero aún una misma marca, un mismo tipo de piano, tiene diferentes usos. Uno lo usa el pianista, otro el que se inicia. Es claro que el desgaste de materiales será distinto en ambos casos. La modificación de su regulación, también.

»Se requiere mucha experiencia, investigación, estudio para poder resolver y, a veces, ¡muy rápido! Los problemas de regulación que se puedan presentar. Sobre todo, antes de un Concierto donde se tensan todas las necesidades de respuesta inmediata.

»Sólo por poner un ejemplo, una arandela de 3/10 de mm pueden cambiar la performance de esa tecla. Poner mayor o menor distancia del martillo a la cuerda, nos dará un resultado distinto en la performance que el pianista puede lograr con *ese* instrumento.

»En fin, el conocimiento de los materiales, paños, maderas, resortes, etcétera; el conocimiento de la geometría del piano; conocer el repertorio y las necesidades del pianista y poder volcarlos al piano, son sólo algunas de las dificultades que derivan en una correcta regulación del piano. Me gusta decir que es tan difícil y complejo afinar un piano, como regularlo.

»Me convocan, en una Universidad, a conocer un nuevo piano que habían adquirido. Cuando lo pruebo, tengo por costumbre bajar lento, muy lento las teclas de un sector, sin que percutan los martillos. Me doy cuenta de inmediato, que el piano no tiene escape porque los martillos se bloqueaban a las teclas.

»Se lo comento al músico que me había invitado y me dice: "Schultis, es un piano nuevo. Yo mismo lo saqué del cajón cuando llegó aquí". Luego del segundo concierto tuvieron que llamarme para hacer la regulación completa del instrumento. Era imposible hacer pianísimos y buscar sutilezas en ese instrumento. Me apresuro a decir que es un muy buen instrumento, de excelente sonido, y, en esa sala suena muy bonito. Luego de la regulación, pude escuchar muy lindos conciertos en ese piano.»

—*¿Cuál es el problema de afinación más frecuente en los pianos?*

—Tal vez, el problema más frecuente sea, en nuestros países, la falta de afinación. Sólo en muy raras excepciones los pianos se afinan antes de un Concierto. En las salas importantes sí se hace. Pero, en nuestros países sucede que nos llaman a afinar luego de ¡veinticinco años! sin afinar el piano.

»Me ha sucedido, en un concierto, que el piano era vertical. Pero, lo más difícil, es que estaba ¡½ tono bajo! Y era para un Concierto de dúo con cello. Es fácil imaginarse lo complejo de esa situación. Para poner una nota más de incógnita se había pedido que el instrumento estuviera afinado a 440 c.p.s. Es difícil imaginar qué se comprendió de ese pedido. Una buena enseñanza es ¡no dar nunca por supuesto que se sabe de qué se está hablando!

»Por el contrario, tuve la oportunidad de afinar varios pianos en Roma en mi viaje a Italia. Recuerdo que me pedían disculpas, al entrar en sus domicilios, por no haber podido cambiar el piano. Cuando veía el piano, reconozco que eran pianos nuevos. De unos tres a cinco años.

»Se atribuye a problemas económicos estos aspectos. Pero, considero que son culturales. Nos llaman, por ejemplo, porque hay que afinar el piano. Pero no dicen nada de la regulación y aún mucho menos del trabajo de *voicing* o entonación que se le debiera hacer. Es tarea de los técnicos educar en este sentido y convencer de la necesidad del mantenimiento de un instrumento tan complejo y bello como es el piano.»

—*¿Cuál es el problema de regulación más frecuente en los pianos?*

—De la regulación, tal vez el problema más difícil, sea lograr que el resultado del toque de las ochenta y ocho notas de un piano sea parejo. Eso para el técnico. Y, para el pianista, comprender que el piano va sufriendo cambios que exigen una regulación periódica. Los paños se asientan, los bujes que contienen los pernos se van desgastando, los martillos se van compactando y perdiendo su forma. En fin, el mecanismo es eso . Un mecanismo. Que sufrirá modificaciones aún en pianos nuevos, más rápido de lo que suponemos o esperamos.

»Hay una idea equivocada de que por ser nuevo un piano no requiere más que el servicio de afinación. Y no es correcto. Todos los pianos, sean antiguos o modernos, requieren de un trabajo especializado de parte del afinador de pianos.»

—*¿Qué opina de los programas o aplicaciones digitales de afinación? ¿Usa alguno? ¿Cuál y por qué?*

—Aclarando que la verdadera afinación debe ser de tipo aural, por muchísimas consideraciones, soy partidario de la utilización de los programas digitales de afinación. No es cierto que un cliente debe echar a un afinador que prenda un aparato digital. Es un complemento muy útil.

»La tecnología ha venido progresando a pasos agigantados en estos últimos años. En la afinación de pianos también. Lo que sucede es que por problemas específicos de los pianos como su *inarmonicidad* —que es específica de cada piano—, sus diferentes medidas, por la necesidad de temperar los intervalos haciendo que no existan intervalos justos, los distintos grosores de cuerdas, en fin, porque el piano es el piano, no puede afinarse sino de oído.

»Esto no quiere decir que no se deba, o no se pueda, utilizar programas digitales. Yo utilizo el *Reyburn Cyber Tuner*, que considero que es lo más avanzado que existe a nivel mundial. Pero no invalida otros aparatos o tecnologías. Si es utilizado con corrección, si se sabe afinar de oído y cómo se comportan los diferentes intervalos en la construcción de la afinación, es lícita la utilización de tecnología.

»Lo que no se debe hacer es supeditar la afinación, que, insisto, debe ser aural, a lo que señala un aparato electrónico. Y, muy importante, no depender de lo que diga la tecnología para poder hacer una afinación estable.

»Recuerdo una frase de Anita Sullivan, una afinadora de los Estados Unidos que escribió un hermoso libro: *The Seventh Dragon* donde dice, por ejemplo, que cuando el afinador cree que el unísono está correcto, allí comienzan los verdaderos problemas. Sólo quiero significar que hice experiencias con mi muy buena tecnología, y, aun dándome perfecto la altura de afinación de tres cuerdas de un unísono, con el oído aún puedo escuchar pequeñas diferencias que deberé quitar si pretendo hacer una afinación profesional.»

—*¿Cómo aplica Ud. en su trabajo el vínculo entre técnicos y pianistas?*

—Es muy importante que sepamos qué tipo de música va a hacer.

»1) No es lo mismo afinarle a un pianista del jazz, del tango, de música contemporánea, de la clásica y tantas expresiones artísticas que nos encontramos.

»2) Hay que conocer cuáles son los gustos musicales que tiene el pianista y sus preferencias sonoras y de toque. Dentro de las posibilidades de cada piano, de los tiempos que contemos, y, claro, del presupuesto, deberemos adaptar nuestro trabajo a esas particularidades.

»3) Comprender que, como técnicos, estamos a disposición del pianista, del piano. Que no podemos imponer nuestros gustos musicales, técnicos, sonoros a lo que el pianista necesita. Es, tal vez, la tarea más difícil del técnico. Pero con experiencia, es posible poder acercarnos a las necesidades del pianista.

»4) Saber decir que no. Los pianos estarían mucho mejor, si supiéramos decir más seguido que no. Pero también los pianistas. Saber decir que no tocan si un piano está desafinado. Si está mal regulado.

»Por eso es que considero que siempre hay que conocer antes el piano, tanto el pianista, como el técnico, para poder lograr una mejor entrega artística a la hora del Concierto.

»Y, como técnico, saber escuchar y ser sensibles a los requerimientos. Recuerdo que fui llamado a afinar en un estudio de grabación al que siempre soy convocado. Conozco muy bien el instrumento. Y el ingeniero de sonido, los técnicos, y, por qué no, los pianistas conocen mi forma de afinar. Nunca me reclamaron por una afinación.

»Una vez, como tantas otras, voy a afinar. Siempre hago probar el piano por el pianista que estará a cargo de su uso. En esa oportunidad ¡dos pianistas! lo prueban, dándome su conformidad.

»Me retiro y, al poco rato, cuando estoy en mi estudio, que por suerte no está lejos del de grabación, recibo una llamada de uno de los pianistas. Que había dos notas que se habían movido. ¿Usted está seguro?, pregunto yo. Voy para allá. Tomé un taxi para hacer más rápido, y, mientras viajaba reflexionaba por qué se habría movido la afinación.

»Y recordé que, cuando me retiraba del estudio, un hombre entraba con una cámara, como de televisión, en el hombro. Y pensé ¿no será que estarán por filmar? Para no hacerlo muy largo. Cuando volví a entrar al estudio, no sólo estaban las cámaras sobre rieles, sino que el estudio estaba iluminado como para filmación.

»Usted comprenderá el porqué de mi pregunta, cuando me acerco a los pianistas: "¿Sólo dos notas se desafinaron?" Era fácil darse cuenta de la muy buena afinación que había hecho para que sólo dos notas se desafinaran.

»Se debe comprender en la situación de máximo estrés que trabajamos, a veces, los afinadores. Pero debemos ser autocríticos, aun no siendo responsables de una situación como la que relatamos, para poder estar a la altura de las circunstancias. Se corrigieron esas dos notas, y alguna más que encontré yo, y la filmación se hizo sin más problemas.»

—*¿Cuáles son para Ud. los temas más importantes en la vinculación del pianista con el técnico, en especial antes de un concierto?*

—Para ser sincero, desde el punto del técnico, saber retirarse a tiempo. Comprender que el pianista, con razón o sin ella, adopta una situación de Concierto que el técnico debe comprender y mantenerse alejado, como ausente, muchas veces es una buena medida de salud mental.

»No es posible exigirle al pianista, aun conociendo muy bien al técnico, que adopte una postura más civilizada, más amable, más delicada.

»El artista, antes de un Concierto, pasa por muchísimas situaciones de diversa índole que les hace difícil mantener la compostura aun conociendo desde hace años al técnico. En mi caso aún convencido de que lo tienen a uno en alta estima.

»Lo dicho, comprender por el momento de máxima tensión que pasa el artista. Si me lo permiten, —porque a veces ni eso permiten—, me agrada sentarme en algún lugar de la sala, escuchar y estar atento.

»Yo también aprendo ¡y mucho! escuchando mis propias afinaciones, el resultado final de mi trabajo. ¿Qué momento mejor que cuando el artista busca conectarse con el instrumento y expresar su propuesta musical? Les puedo asegurar que no hay momento mejor.

»Y, toda vez que puedo, aunque no me lo pidan, asisto al propio Concierto. Es cuando el artista brinda al máximo su expresividad, su pianismo, y exige al máximo al instrumento. Aún en el más delicado pianísimo.»

Epílogo

Thomas Mark, escribió: "No hay fin ni tampoco límites al progreso que podemos realizar, siempre y cuando tengamos presente que mejorar nuestra ejecución y mejorar nuestros movimientos es lo mismo. No mejoramos al repetir movimientos interminables ya aprendidos: mejoramos cuando cambiamos nuestros movimientos y descubrimos aquellos con los que obtenemos mejores resultados."

»Tocar el piano es algo complejo, exigente, sutil por momentos puede llegar a ser frustrante o hasta producir desconcierto. Pero también es muy gratificante y es una fuente interminable de crecimiento personal."

»Independientemente de nuestra edad o nuestro nivel de habilidad, podemos obtener del piano innumerables satisfacciones si nos acercamos a él con la actitud de espíritu correcta.»[22]

Habíamos estado considerando distintas ideas a modo de despedida para incluirlas en nuestro epílogo. Pero en realidad, ninguna es más perfecta en su capacidad de resumir la sed de excelencia que debe guiar nuestro camino, que una famosa frase expresada por

[22] MARK, Thomas (2003) *What Every Pianist Needs to Know About his Body*. GIA Publications, Inc., Chicago, ILL.

el gran Arturo Rubinstein poco después de cumplir sus ochenta años:»

"Finalmente creo que estoy aprendiendo a tocar el piano."

Bibliografía

BRADY, Stephen (2008) *Under the Lid*. Byzantium Books, London.

CARSON MARK, Thomas (1980) *On Works of Virtuosity*. Columbia University, The Journal of Philosophy Inc., New York, NY.

CASELLA, Alfredo (1937). *El Piano*. Ricordi Americana S. A., Buenos Aires.

CATTOI, Blanca (1981) *Apuntes de Acústica y Escalas Exóticas*. Ricordi Americana S. A., Buenos Aires.

CHIANTORE, Luca (2010) *Beethoven al Piano*. Editorial Nortesur S. L. U., Barcelona.

——————————— (2000) *Historia de la Técnica Pianística*. Alianza Música, Alianza Editorial, Buenos Aires.

COPLAND, Aaron (1955) *Cómo Escuchar la Música*. Fondo de Cultura Económica, Buenos Aires.

CRAFT, Robert (1971) *Stravinsky – Ideas y Recuerdos*. Aymá S.A., Buenos Aires.

CROSS, Milton y DAVID, Ewen (1963) *Los Grandes Compositores*. Compañía General Fabril Editora, Buenos Aires.

DELEDICQUE, Michel Raux (1950) *La Vida Romántica de Federico Chopin*. Libreria Hachette S.A., Colección Numen, Buenos Aires.

FINE, Larry (1987, 1990, 1994, 2001) *The Piano Book*. Brookside Press, Chicago ILL.

FISCHER, J. Cree (1975) *Piano Tuning —A Simple and Accurate Method for Amateurs*. Dover Publications, Inc., Mineola, NY.

FOLDES, Andor (1958) *Claves del teclado*. Ricordi Americana, S. A., Buenos Aires.

GAUTHIER, André (1977) *Gershwin*. Espasa-Calpe Mexicana S. A., México, DF.

——————————— (1979) *Liszt*. Espasa-Calpe S. A., Madrid.

GOKA, Kazuo (2010) *Kawai Grand Piano Regulation Manual*. Shigeru Kawai.

HILDESHEIMER, Wolfgang (1982) *Mozart*. Javier Vergara Editor, Buenos Aires.

HOFMANN, Josef (1976) *Piano Playing*. Dover Publications, Inc., Mineola, NY (Edición original 1920).

HOROWITZ, Joseph (1984) *Arrau*. Javier Vergara Editor, Buenos Aires.

IGREC, Mario (2013) *Pianos Inside Out*. Tune Press LLC, New York, NY.

JORGENSEN, Owen (1977) *Tuning the Historical Temperaments by Ear*. The Northern Michigan University Press, Michigan, MI.

KOCHEVITSKY, George (1996) *The Art of Piano Playing - A scientific approach*. Summy-Birchard Inc., Chicago, ILL.

KROPFF Kris (2002) *A Symposium for Pianists and Teachers: Strategies to Develop the Mind and Body for Optimal Performance*. Compilado y editado por el autor.

LEIMER, K. y GIESEKING, W. (1950) *La Moderna Ejecución Pianística*. Ricordi Americana S. A. Buenos Aires.

——————————— (1951) *Rítmica - Dinámica - Pedal*. Ricordi Americana S. A., Buenos Aires.

LHEVINNE, Josef (1972) *Basic Principles in Pianoforte Playing*. Dover Publications, Inc., Mineola, NY (Edición original: 1924).

MARK, Thomas (2003) *What Every Pianist Needs to Know about his Body*. GIA Publications, Chicago, ILL.

MATTHAY, Tobias (1908) *Relaxation Studies*. Bosworth and Co., London.

——————————— (1954) *The Act of Touch*. Bosworth and Co., London (Edición original de 1903. Con 15 reediciones hasta 1954).

——————————— (1905) *The First Principles of Pianoforte Playing*. Bosworth and Co., London.

——————————— (1977) *The Visible and Invisible in Pianoforte Technique*. Oxford University Press, Oxford (Edición original de 1932 (Reeditado en los años 1947, 1960, 1964, 1968, 1972, 1976 y 1977).

NACHMANOVITCH, Stephen (1990) *Free Play*. Planeta, Buenos Aires, (Primera edición de 2004, Paidós Buenos Aires).

OLAZÁBAL, Tirso de (1954) *Acústica Musicaly Organología*. Ricordi Americana S. A., Buenos Aires.

OOREBEEK, André (2009) *The Voice of the Piano: A Piano Technician's Definitive Guide to Voicing*. Crescendo Publications, Australia.

ORTMANN, Otto (1929) *The Physiological Mechanics of Piano Technique*. E.P. Dutton & Company, New York, NY.

OUBIÑA DE CASTRO, María Rosa (1984) *Elementos de técnica pianística - Análisis y pedagogía*. Editorial Keppingler.

——————————— (1973) *Vicente Scaramuzza - Enseñanzas de un gran maestro*. Ediciones Ossorio, Buenos Aires.

PALMIERI, Robert (2003) *The Piano, an Encyclopedia*. Routledge, NY and London.

PARNCUTT, Richard (2002) *The Science & Psychology of Music Performance*. Oxford University Press, New York, NY.

POTTER, Randy, RPT: (1991) *The Piano Action Handbook"*. Piano Technician's Guild, Foundation Press, Kansas City, Mo.

REBLITZ, Arthur (1993) *Piano Servicing, Tuning and Rebuilding*. Vestal Press, New York, NY (1ª edición, 1976).

ROBERTS, John P. L. y GUERTIN, Ghyslaine (2011) *Glenn Gould - Cartas Escogidas*. Global Rhythm, Barcelona.

ROEDERER, Juan G.(1997) *Acústica y Psicoacústica de la Música*. Ricordi Americana S. A., Buenos Aires.

SCHIMMEL, Nikolaus. y HERZOG, H. K. (1990) *Piano Nomenclatur*. Bold Strummer Ltd., London.

SCHONBERG, Harold C. (1990) *Los Grandes Pianistas*. Javier Vergara Editor, Buenos Aires.

SOLOMON, Maynars (1983) *Beethoven*. Javier Vergara Editor, Buenos Aires.

SYDOW, Bronislas Edouard (1959) *Correspondencia de Federico Chopin*. Librería Hachette, Buenos Aires.

WERNER, Kenny (1996) *Effortless Mastery*. Jamey Aebersold Jazz, New Albany, IN.

ACERCA DE LOS AUTORES

DANIEL GOLDSTEIN

www.fundacionelsonidoyeltiempo.com
www.elsonidoyeltiempo.org
www.facebook.com/danielgoldstein2020 - IG @danygold53

PRESIDENTE Y FUNDADOR DE la Fundación *El Sonido y El Tiempo Internacional*, junto con los pianistas italianos Simone Pagani y Marco Giovanetti, creada en 1992 en Italia como proyecto didáctico-concertístico y generando un permanente intercambio con otros países tanto en conciertos como cursos internacionales, con jóvenes talentos y grandes artistas. La Fundación desarrolla una permanente gestión cultural y ha recibido el Premio de la Asociación de Críticos Argentinos como hecho positivo en el 2002.

Nacido en Buenos aires en 1961, inicia sus estudios con Beatriz Tabares, egresando del Conservatorio Nacional "C. L. Buchardo". Se perfeccionó bajo la guía de maestros en piano, música de cámara, armonía, análisis y composición, historia de la música, como Manuel Rego, Aldo Antognazzi, Gerardo Gandini, Ljerko Spiller, Tomás Tichauer, Sergio Hualpa, J. P. Franze entre otros.

En 1988 comienza su acercamiento a la escuela del Maestro Vincenzo Scaramuzza estudiando con una de sus discípulas, la gran pianista Carmen Scalcione y en 1989 se establece por unos años en Italia, donde se perfecciona con otro gran pianista y docente de la línea Scaramuzza, el Maestro Fausto Zadra (quien además se perfeccionó y fue asistente del pianista y director de orquesta italiano Carlo Zecchi, alumno de Ferruccio Busoni y Arthur Schnabel) en la *Ecole International de Piano Fondation Ciem-Mozart*, de Lausanne (Suiza) y Roma (Italia), obteniendo el "Diploma de perfeccionamiento pianístico".

Como integrante del "Cuarteto Assai", representó a su país en las actividades auspiciadas por las Naciones Unida para el Año Internacional de la Juventud. En 1986 obtiene el 1º Premio Promociones Musicales.

Desarrolla una intensa actividad como solista e integrando conjuntos de cámara, actuando como solista de orquestas nacionales e internacionales; ofreciendo conciertos en distintas ciudades de Italia, Suiza, Eslovenia, España, USA, Colombia, Uruguay.

Crea el proyecto *Músicos.Ar* desde la Fundación, que desde 1998 difunde la música y los músicos argentinos en todos sus aspectos, con relevamiento de obras de compositores como José Bragato, Saúl Cosentino, José Luis Castiñeira de Dios, entre tanto otros. En ese marco, surgen las actividades de conciertos y talleres didácticos en relación con la técnica pianística de *Pianorama argentino*® junto con Manuel Fraga y Saul Cosentino que se amplía desde entonces el trabajo grupal con otros importantes pianistas argentinos, presentando con ellos el CD *Pianorama argentino*® en la prestigiosa Sala Argentina del CCK, de Buenos Aires.

En 2016 y 2017 participa como pianista de los *Festivales Falla 70/7*, que fueron organizados con la *Fundación Manuel de Falla* de Granada, España y la *Fundación el Sonido y El Tiempo Internacional* en Argentina y España.

En 2018 es invitado a participar de la gira de *Masters of Wine de Trapiche* y participa como pianista junto a la cellista norteamericana Christine Walevska de la gira *USA Magic Friends Tour* del proyecto *Artes Visuales y Sonoras Internacional* junto al arquitecto y diseñador Tony Chi y el artista plástico Eduardo Hoffmann. Participa de la inauguración de la reapertura del Teatro Mendoza por iniciativa del artista plástico Eduardo Hoffmann junto a la cellista Christine Walevska.

En 2019 realiza varias giras de conciertos y masterclasses como solista y junto a importantes músicos de cámara internacionales en Estados Unidos, en ciudades como New York, Nashville, Miami; y en Europa, en distintas ciudades como Italia y Suiza.

En 2020 y 2021 organizó las actividades virtuales internacionales junto a la Fundación, participando como pianista y docente de masterclasses, conciertos y Festivales internacionales como el *Festival Falla 2020, España-Argentina*; los *Encuentros Internacionales Pianorama argentino*®, entre otros.

En 2022 realiza una intensa gira como pianista y presidente de la Fundación en distintas ciudades de Europa, en los países de Italia, España y Suiza; participando en importantes actividades en la *Feria de Cremona*, la *Fachhoschule Nordwestschweiz* en Basilea, Fundación Archivo Manuel de Falla en Granada, Cádiz, Almería, Fundación Eutherpe en León.

Con una amplia discografía reflejada en la Colección en vivo —Fundación El Sonido y el Tiempo Internacional—, se destacan las últimas grabaciones *Pianorama argentino*® (2018) junto al pianista y compositor *Saúl Cosentino* y el pianista de jazz *Manuel Fraga*; *Músicos. Ar*® *Christine Walevska, Daniel Goldstein & Friends* (2020) junto a los violinistas *Pablo Agri, Matías Grande* y la violista *Elizabeth Ridolfi*, ambos por el sello discográfico FONOCAL.

Durante el mes de noviembre 2022, con la producción de la Fundación El Sonido y El Tiempo Internacional y junto con VIRTUOSO RECORDS (Argentina) e IKP Music (Hungría), lanzaron con gran éxito el nuevo disco de la famosa violinista húngara *Katica Illényi* con obras de *Saúl Cosentino*, en el que *Diana Lopszyc* participa junto a *Daniel Goldstein* en dúo de pianos. En diciembre lanza el tema "Melodía en Fa" para Daniel Goldstein del compositor Sául Cosentino con el nuevo sello español NOVUS PROMUSICA.

Ha obtenido excelentes críticas por su especialización en el repertorio mozartiano.

Desde 2016 es miembro y partner de *Steinway & Sons Educational Partnership Program* siendo invitado especial para un recital de *Pianorama argentino*® en *Steinway & Sons Miami Gallery*.

MANUEL FRAGA

www.facebook.com/manuel.fraga.336
IG / @manuelfragapiano

Reconocido como uno de los mejores pianistas de jazz argentinos, y destacado por su ductilidad en los diferentes estilos, desde su debut a los dieciocho años Manuel se ha presentado en importantes salas de nuestro país, incluyendo el Teatro Colón, Teatro y Centro Cultural General. San Martín, Teatro Avenida, Astral, Complejo La Plaza, entre otras, como así también en el circuito de clubes de jazz porteño y de ciudades del interior.

En el exterior se ha presentado en festivales internacionales y conciertos en Estados Unidos, Canadá, Alemania y Brasil.

Integró la *Fénix Jazz Band,* con quien participó del ciclo de jazz de más duración en nuestro medio, *Sábado a la Noche Jazz* en la bodega del Gran Café Tortoni entre 1978 y 1994. Entre 1984 y 1993 realizó nueve giras por USA y Canadá presentándose en importantes festivales de jazz, como el *Sacramento Jazz Jubilee* de California —donde fue premiado en 1984 como el mejor pianista del festival—; *Classic Jazz Festival* de Los Ángeles, *Connecticut Jazz Festival*, *Central City* en Colorado, y en clubes de jazz en San Francisco, San Diego, Seattle, Vancouver y Victoria (Canadá). Ha compartido escenarios con músicos como Jorge Navarro, Walter y Javier Malosetti, Ricardo Lew, Gustavo Bergalli, Juan Cruz de Urquiza, Ricardo Cavalli, e incluso con el bandoneonista Daniel Binelli, como parte del proyecto «Tributo a Astor Piazzolla y Miles Davis». Integró también el conocido quinteto *Swing Timers*, reemplazando a Jorge Navarro, y fue parte del trío con Alfredo Remus en contrabajo y Oscar Giunta en batería entre el 2000 y 2009.

Desde el año 2005 dirige su propio trío, en su inicio junto al prestigioso contrabajista y compositor Jorge López Ruiz y Germán Boco en batería, y a partir de 2012 con el contrabajista Damián Falcón, y se presenta también en conciertos como solista. Entre su discografía se destacan nueve discos con la *Fénix Jazz Band*, tres como solista —dos de ellos grabados y editados en USA—: el CD «Querido Bill» (dedicado a Bill Evans) con Alfredo Remus y Oscar Giunta; el CD «Impromptu», con López Ruiz y Boco; «Swing Summit», con Pablo Motta en contrabajo y Oscar Giunta en batería y sus tres CD's con la formación actual de su trío: «Woody&

Jazz» —nominado al Premio Carlos Gardel 2016 al mejor disco de jazz—, «Woody& Jazz, Vol. 2» y «The Big Band Theory» —también nominado al Premio Carlos Gardel 2020—. Su CD a dos pianos con Jorge Navarro, «Viva el swing», resultó ganador del Premio Carlos Gardel 2015. Participó junto al pianista clásico Daniel Goldstein y el compositor Saúl Cosentino en el CD «Pianorama argentino®».

Manuel proviene de una familia de músicos —y además uno de sus hijos, Tomás, ya es un prestigioso guitarrista de jazz—, y realiza una importante labor docente en clases, talleres o clínicas de piano, improvisación, armonía, estilos de jazz, etcétera.

Su propio enfoque musical se destaca por su variedad estilística y lenguaje melódico de concepción universal, resultado de un profundo conocimiento de las distintas formas del jazz, de su formación pianística clásica y los estudios de armonía, forma, composición y análisis musical que realizó con el maestro Manolo Juárez. Además del mencionado premio que se le otorgara en USA, recibió el premio Prensario 1979 a la revelación de jazz, el premio ACE 1993 al mejor álbum de jazz (con la *Fénix Jazz Band*) y el premio Kónex 1995 a la trayectoria, también junto a la *Fénix Jazz Band*.

Manuel desarrolla también una importante actividad docente en clínicas y talleres sobre jazz, improvisación y el manejo de la máquina del piano en la técnica y la interpretación. Participa desde 2011 en el proyecto

Pianorama argentino®, y desde 2016 es Miembro y Partner de *Steinway & Sons Educational Partnership Program*, propuesto por la fundación como uno de los profesores del trabajo en equipo.

www.fundacionelsonidoyeltiempo.com
www.elsonidoyeltiempo.org
www.facebook.com/fundacionelsonidoyeltiempointernacional
IG @fundacionelsonidoyeltiempo

IL SUONO E IL TEMPO
SOUND & TIME

"[…] el fenómeno musical no es sino un fenómeno de especulación. Esta expresión no debe asustar a ustedes lo más mínimo. […] Los elementos que necesariamente atañen a esta especulación son los elementos de sonido y tiempo. La música no es imaginable desvinculada de ellos."

IGOR STRAVINSKY: "POÉTICA MUSICAL"

Gestión Cultural del Siglo XXI

En 1992 surge La *Fundación El Sonido y El Tiempo Internacional*, para desarrollar nuevas versiones de gestión cultural del Siglo XXI.

Nuestra trayectoria cultural es el fundamento del desarrollo de nuestras actividades, que se llevan adelante con el concepto de integración de trabajo en equipo como permanente intercambio cultural, e incluyendo a jóvenes que están en formación.

Nuestra visión de *gestión cultural moderna* es la concreción de proyectos como plataforma de productos culturales y artísticos, con grandes personalidades del mundo del arte y la cultura.

Educación musical y producción artística son los dos conceptos principales de nuestra actividad.

Nuestros eventos, cursos, talleres, conciertos, masterclasses, festivales, audiovisuales y otros, son concebidos como interactivos, integrales y modernos, con apertura al mundo digital en constante expansión. La continuidad de dichas actividades beneficia al arte y a la cultura como concepto de industria e identidad cultural. De esta manera se concientiza la necesidad de integrar social y económicamente a la cultura, expandiendo el desarrollo didáctico para las nuevas generaciones.

Ejemplos de ello son los productos culturales y artísticos como MÚSICOS.AR, PIANORAMA ARGENTINO®, CULTURA.AR ARTES VISUALES Y SONORAS INTERNACIONAL.

Historia

El Sonido y El Tiempo, Il Suono e Il Tempo, Sound & Time surge en 1992 a través de la asociación de jóvenes músicos de Italia y Argentina, con el objetivo de desarrollar y difundir los distintos aspectos de la música a través de un concepto didáctico y concertístico en el nivel internacional, generando un verdadero intercambio cultural con otros países.

Ciclos de conciertos didácticos, intercambios culturales, recitales y en especial los Cursos, Concursos y Becas Internacionales (CCBI) de música académica en los distintos países —principalmente Italia, Suiza, España, Eslovenia, Estados Unidos, Colombia y Argentina— brindan interesantes posibilidades a jóvenes músicos, con el apoyo de grandes personalidades del mundo de la cultura.

Se inician las actividades se inician en las ciudades de Bergamo y Palazzollo sul Oglio, en Italia —junto a *L'Associazzione Culturale Musicarte,* y también en la ciudad de Buenos Aires en Argentina—, por iniciativa de los pianistas italianos *Simone Pagani* y *Marco Giovanetti* y el pianista argentino *Daniel Goldstein* quien desde 2001 preside y dirige la institución internacional que se convirtió en Fundación en la Argentina y luego en los Estados Unidos.

Para la *Fundación* es una prioridad la programación de las actividades con desarrollo y continuidad, como forma válida para la educación y constancia en la evolución de una carrera artística.

De esta manera, muchos de los estudiantes que han transitado por nuestra institución, continúan una parte de su formación a través de la *Fundación*, participando luego de las actividades como profesionales. Se organizan eventos internacionales educativos y artísticos, con premios de conciertos y becas de estudio, en constante intercambio con maestros e instituciones de distintos países.

Por su constante labor educativa y cultural, la *Fundación* ha recibido el *Premio de la Asociación de Críticos Argentinos* como hecho positivo en el 2002.

La *Fundación El Sonido y El Tiempo Internacional* ha sido en sus comienzos el apoyo cultural de la *Rehabilitación Asistida por Computadora* (RAC), dedicada a la investigación y al empleo de las nuevas técnicas informáticas para la atención de personas con diferentes discapacidades, que les permitan integrarse a la sociedad.

Su mentor es el arquitecto Enrique Horacio Goldstein —padre de Daniel Goldstein—, quien padecía esclerosis múltiple.

La personalidad del arquitecto —su cultura, su vida y luego su enfermedad—, se vincula de forma estrecha con el enfoque y los *objetivos de nuestra Fundación:* llevar adelante el trabajo en equipo, la búsqueda permanente de las metas propuestas, la perseverancia y fortaleza para alcanzarlas, la transmisión de las experiencias propias y, especialmente, el compartir la pasión por lo que uno hace.

El Sonido y El Tiempo en conjunto con las entidades dedicadas a las personas con diferentes discapacidades, ha organizado y desarrollado ciclos de conciertos didácticos en nuestro país y en el extranjero, vinculando de modo integrador dicha temática social a la cultura, conceptos a partir de los cuales nace la Historia de la *Fundación El Sonido y El Tiempo Internacional.*

[MÚSICOS ARGENTINOS]

Desde 1998 la *Fundación El Sonido y el Tiempo Internacional* lleva a cabo, como tarea fundamental, el rescate y difusión de músicos intérpretes y compositores argentinos de importante trayectoria de nuestra historia musical.

Como consecuencia, se crea en 2009 un nuevo espacio de nuestra cultura nacional: MÚSICOS.ar / músicos argentinos.

El Maestro *José Bragato* fue padrino artístico de esta producción, por ser una personalidad de la música popular y académica de importante trayectoria y relevancia nacional e internacional, que representa un siglo de nuestra historia y la "impronta" de nuestra identidad cultural.

Este objetivo se fue logrando a través del relevamiento de las obras del maestro —algunas dedicadas especialmente para este proyecto—, y sus arreglos de distintos autores.

Se llevó a cabo el relevamiento y estudio de las obras de intérpretes del país y del extranjero que fueron convocados, para luego llevar a cabo los conciertos, cursos y talleres en distintas salas e instituciones educativas, desarrollando así la difusión artística y didáctica.

Este objetivo se amplió con el documental audiovisual *"José Bragato, Partituras de su vida"*, siendo el punto de partida para materializar la experiencia y el aporte de nuestros grandes artistas como parte de nuestra identidad cultural.

Desde entonces, autores actuales como *Saúl Cosentino, José Luis Castiñeira de Dios, Irma Urteaga, Amanda Guerreño*, y de otras generaciones como *Eva Lopszyc, Pablo Aguirre, Nelly Gómez* y *Claudia Montero*, entre otros, que se integran a compositores históricos argentinos como *Julián Aguirre, Alberto Williams, Juan José Castro, Jacobo Ficher, Gilardo Gilardi, Alberto Ginastera, Carlos Guastavino, Isabel Aretz, Gerardo Gandini, Antonio Tauriello*, como así también *Astor Piazzolla, Atahualpa Yupanqui* y Cuchi *Leguizamón*, entre otros artistas, que representan un amplio panorama del mundo musical de la Argentina.

Dentro del espacio Músicos.ar [músicos argentinos], hemos desarrollado un nuevo concepto: PIANORAMA ARGENTINO®.

PIANORAMA ARGENTINO® es una propuesta que comenzó en 2011, diseñada con programas del repertorio y artistas del mundo de la música, que intenta reflejar "la expresión en el PIANO de lo popular en lo clásico académico, el tango, el folklore y el jazz" como desarrollo de la cultura pianística.

Este concepto se lleva a cabo con obras para piano solo y para piano a 4, 6 y 8 manos y 2 pianos, incluso con improvisaciones sobre obras clásicas de Mozart, Chopin y otros.

Por ello, los programas de conciertos incorporan obras de autores "clásicos" del repertorio universal y de argentinos académicos como *Aguirre, Ginastera, Castro, Tauriello, Guastavino* del tango; popular, como *Cosentino, Bragato* y *Piazzolla*; y del jazz como *Ammons, Ellington, Gershwin* y *Brubeck*, entre otros.

PIANORAMA ARGENTINO® es un panorama del piano en sus distintos aspectos que en su origen convocó a los pianistas *Saúl Cosentino* (también en su faceta de compositor) en tango y melódico, a *Manuel Fraga* en jazz y a *Daniel Goldstein* en clásico y tango.

Luego de varios años de desarrollo, se invita a otros pianistas y artistas de distintas características como *Diana Lopszyc, Lilian Saba, Ricardo Zanón, Natalia Gonzalez Figueroa y Daniela Salinas*, entre otros.

De esta forma se consolida el concepto de constante intercambio y trabajo grupal e integración, que tanto nos enriquece.

Además, PIANORAMA ARGENTINO® incluye la tarea educativa con el TALLER DE TÉCNICA PIANÍSTICA que se desarrolla en Argentina y también en países del extranjero como Italia, España, Suiza, Colombia, Brasil, Puerto Rico, etcétera; invitando a prestigiosos pianistas de dichos países. *Graciela Burgos, Nélida Sánchez y Fernanda Morello* de Argentina; *Simone Pagani y RobertoProsseda* de Italia; *Tomas Dratva*, de Suiza; *Miguel Ángel R. Laiz*, de España. *María del Carmen Gil*, de Puerto Rico, y *Claudio Dauelsberg*, de Brasil, entre otros. La incorporación del técnico de piano *Juan Alberto Schultis, RPT-SchultisPianos*, generó la vinculación de los pianistas con la tecnología del piano en talleres como "AL PIANO: mecánica y sonido".

Cabe destacar que la Fundación es Miembro de *Steinway Educational Partnership Program* a través de los pianistas mencionados.

Índice

Made in the USA
Monee, IL
08 July 2026